U0695932

人生大学名人讲堂

松下幸之助
经营之神的人生智慧

JINGYING ZHI SHEN DE RENSHENG
ZHIHUI

主　编：拾　月
副主编：王洪锋　卢丽艳
编　委：张　帅　车　坤　丁　辉
　　　　李　丹　贾宇墨

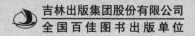

吉林出版集团股份有限公司
全国百佳图书出版单位

图书在版编目（CIP）数据

松下幸之助：经营之神的人生智慧 / 拾月主编. --长春：吉林出版集团股份有限公司，2016.2（2022.4重印）

（人生大学讲堂书系）

ISBN 978-7-5581-0761-0

Ⅰ.①松… Ⅱ.①拾… Ⅲ.①松下幸之助（1894~1989）–生平事迹–青少年读物 Ⅳ.①K833.135.38-49

中国版本图书馆CIP数据核字（2016）第041413号

SONGXIAXINGZHIZHU JINGYING ZHI SHEN DE RENSHENG ZHIHUI

松下幸之助·经营之神的人生智慧

主　　编	拾 月
副主编	王洪锋　卢丽艳
责任编辑	杨亚仙
装帧设计	刘美丽

出　　版	吉林出版集团股份有限公司
发　　行	吉林出版集团社科图书有限公司
地　　址	吉林省长春市南关区福祉大路5788号　邮编：130118
印　　刷	鸿鹄（唐山）印务有限公司
电　　话	0431-81629712（总编办）　0431-81629729（营销中心）
抖 音 号	吉林出版集团社科图书有限公司　37009026326

开　　本	710 mm×1000 mm　1 / 16
印　　张	12
字　　数	200千字
版　　次	2016年3月第1版
印　　次	2022年4月第2次印刷

书　　号	ISBN 978-7-5581-0761-0
定　　价	36.00元

如有印装质量问题，请与市场营销中心联系调换。0431-81629729

"人生大学讲堂书系" 总前言

昙花一现，把耀眼的美只定格在了一瞬间，无数的努力、无数的付出只为这一个宁静的夜晚；蚕蛹在无数个黑夜中默默地等待，只为了有朝一日破茧成蝶，完成生命的飞跃。人生也一样，短暂却也耀眼。

每一个生命的诞生，都如摊开一张崭新的图画。岁月的年轮在四季的脚步中增长，生命在一呼一吸间得到升华。随着时间的推移，我们渐渐成长，对人生有了更深刻的认识：人的一生原来一直都在不停地学习。学习说话、学习走路、学习知识、学习为人处世……"活到老，学到老"远不是说说那么简单。

有梦就去追，永远不会觉得累。——假若你是一棵小草，即使没有花儿的艳丽，大树的强壮，但是你却可以为大地穿上美丽的外衣。假若你是一条无名的小溪，即使没有大海的浩瀚，大江的奔腾，但是你可以汇成浩浩荡荡的江河。人生也是如此，即使你是一个不出众的人，但只要你不断学习，坚持不懈，就一定会有流光溢彩之日。邓小平曾经说过："我没有上过大学，但我一向认为，从我出生那天起，就在上着人生这所大学。它没有毕业的一天，直到去见上帝。"

人生在世，需要目标、追求与奋斗；需要尝尽苦辣酸甜；需要在失败后汲取经验。俗话说，"不经历风雨，怎能见彩虹"，人生注定要九转曲折，没有谁的一生是一帆风顺的。生命中每一个挫折的降临，都是命运驱使你重新开始的机会，让你有朝一日苦尽甘来。每个人都曾遭受过打击与嘲讽，但人生都会有收获时节，你最终还是会奏响生命的乐章，唱出自己最美妙的歌！

正所谓，"失败是成功之母"。在漫长的成长路途中，我们都会经历无数次磨炼。但是，我们不能气馁，不能向失败认输。那样的话，就等于抛弃了自己。我们应该一往无前，怀着必胜的信念，迎接成功那一刻的辉煌……

感悟人生，我们应该懂得面对，这样人生才不会失去勇气……

感悟人生，我们应该知道乐观，这样生活才不会失去希望……

感悟人生，我们应该学会智慧，这样在社会上才不会迷失……

本套"人生大学讲堂书系"分别从"人生大学活法讲堂""人生大学名人讲堂""人生大学榜样讲堂""人生大学知识讲堂"四个方面，以人生的真知灼见去诠释人生大学这个主题的寓意和内涵，让每个人都能够读完"人生的大学"，成为一名"人生大学"的优等生，使每个人都能够创造出生命中的辉煌，让人生之花耀眼绚丽地绽放！

作为新时代的青年人，终究要登上人生大学的顶峰，打造自己的一片蓝天，像雄鹰一样展翅翱翔！

"人生大学名人讲堂"丛书前言

名人是一面镜子。名人成功背后的经验是我们成长路上宝贵的精神财富，名人的失败教训会让我们在人生奋斗的历程中多几分冷静，少走几段弯路。古往今来成大器者，都十分重视吸取名人的经验教训。牛顿说："我之所以成功，是因为我站在了巨人的肩上。"现代社会竞争激烈，每个想在成长途中少走弯路、多几分成功机率的人，都没有理由不去关注名人。我们不应忘记，那些站在世界历史殿堂里发出宏音、在人类文明进程中留下足迹的英杰伟人。他们以身作则，鞠躬尽瘁，奉献自己的光和热，为人类文明的进步起到了不可忽视的作用。

"人生大学名人讲堂"丛书选择世界上最具代表性的10位各领域的名人，以传记故事为载体，通过生动有趣的故事，全方位地讲述其成长历程、主要成就和性格身份特征，真实地还原了一个时代伟人。本丛书用生动、富于文采的语言描述了各领域名人的生平轶事、成功轨迹，行文流畅，文笔优美，引人入胜。丛书内容翔实，不仅生动地记载了每位名人的生平经历，而且客观地总结了他们的成功经验和失败教训，文字通俗易懂，融知识性、趣味性于一体，足以为今人提供借鉴，帮助大家做一个有所作为、有益于社会的人。

此套丛书不同于名人传记大量罗列人物所取得成就的做法,避免行文苍白、单调的缺点,无论是《乔布斯·用思想改变世界的传奇人生》《爱迪生·光明使者的精彩人生》《特蕾莎修女·在爱中永生的灿烂人生》《爱因斯坦·科学巨人的人生启示》《贝多芬·同命运抗争的坎坷人生》,还是《卡耐基·洞悉人性的人生导师》《巴菲特·天才投资家的人生感悟》《松下幸之助·经营之神的人生智慧》《原一平·推销之神的人生真谛》《比尔·盖茨·世界首富的慷慨人生》,我们都能全方位地以一个常人的角度来解读人物的一生,客观地评价人物性格,看待人物的喜怒哀乐、人生起伏,从而在他们身上得到可以在今天的现实生活中实际应用的人生智慧和处世准则,同时也吸取他们身上的教训,在阅读他人人生故事的过程中完善自我人格。

读"人生大学名人讲堂"丛书收获经验和智慧,看世界伟人的传奇故事。名人在未获得巨大的成功之前也只是普通的一员,踏着名人成长奋斗的印迹,能让我们真切地感悟到他们成功的经验!你可以欣赏指点江山、叱咤风云的英雄伟人;探索一生、创造无限的科技精英;文采斐然、妙笔生花的文化巨擘;叩问生命、润泽心灵的思想大哲……你可以学习投资家的高瞻远瞩、博大胸怀;商业家的韬略智谋、机会驾驭;艺术家的激情创造、灵感飞扬;宗教领袖的独特理念、献身精神;科学家的坚持真理、不懈探索……你可以发现,伟大人物的成功之路虽有千条万条,但他们却拥有共同的秘诀:远大的理想和不懈的努力,敏锐的目光和果敢的行动,顽强的意志和坚定的决心……

成功之路,从这里起步。

第 1 章　把买卖经营成事业

第一节　在模仿中创新 / 2

第二节　在辛勤中获利 / 9

第三节　不独立难成功 / 12

第四节　开创事业需要热忱 / 17

第五节　把时间用在刀刃上 / 21

第六节　不可一味地追逐利益 / 25

第七节　品牌是无形的资产 / 29

第 2 章　把企业经营成一个家

第一节　善待前来应聘的人 / 34

第二节　欣赏员工的优点 / 38

第三节　不炒掉一个员工 / 42

第四节　领导者不应该高高在上 / 46

第五节　提供优厚的物质保障 / 49

第六节　不站在员工的对立面 / 52

第七节　为公司营造家庭的氛围 / 56

第 3 章　把销售经营成嫁女儿

第一节　售货就像嫁女儿 / 63

第二节　善用商品的说服力 / 68

第三节　合理的价格为商品增值 / 72

第四节　陈列的商品不可随意摆放 / 78

第五节　通过经销商增加商品的价值 / 82

第六节　商品渗透了经营者的灵魂 / 85

第 4 章　把服务经营成艺术

第一节　用真诚打动顾客 / 91

第二节　关注顾客的需求 / 95

第三节　永远做顾客的仆人 / 99

第四节　对顾客要一视同仁 / 102

第五节　把顾客的抱怨当作机会 / 105

第5章　把制度经营成鼓励的指南

第一节　振奋人心的公司教条 / 113

第二节　养成朝夕会议的习惯 / 116

第三节　建立员工职训所 / 119

第四节　创办政经塾培养人才 / 125

第五节　贯彻共存共荣的原则 / 129

第6章　把自己经营为出色的领导

第一节　领导不等于军师 / 133

第二节　领导要有说服力 / 136

第三节　不要随意支使员工 / 139

第四节　用目标来统治人心 / 142

第五节　让员工发泄不满的情绪 / 145

第六节　工作可以委任但不能放任 / 148

第七节　用使命感来凝聚人心 / 155

目录
Contents

第7章　经营场上的魔术手

第一节　"自来水"经营法 / 161

第二节　"水坝式"经营法 / 165

第三节　"玻璃式"经营法 / 167

第四节　"对症下药"经营法 / 172

第五节　"急流勇退"经营法 / 176

第六节　经营不等于玩弄权术 / 179

第 1 章

把买卖经营成事业

对大多数人来说，要想投身商海，只能从小本买卖做起。只要你脚踏实地地干，最终必然能够心想事成，成就大业。翻开世界上一些大公司的创业历史，我们会惊奇地发现，很多国际大公司的发迹皆始于小本经营。松下幸之助的产业帝国最初也是从做电器的买卖起步的，经过辛勤经营，终于把买卖成就为大事业。

第一节　在模仿中创新

"创新"需要一个过程，如果模仿都没学会，又何谈创新？模仿本身就是一种系统性的学习，每个人从小学习，难道不正是模仿吗？模仿并不是什么丢人的事情，恰恰相反，好的成功者，一定首先是个优秀的模仿者。

松下幸之助创业早期，主要依靠在模仿别人产品的基础上做些品质或功能上的改良，再配以批量生产、低价促销策略，迅速抢占市场。

从产品的结构、质量和功能等方面来看，"模仿"可以分为简单模仿和创新模仿，松下电器多属创新模仿之列。

靠模仿抢占先机

使松下幸之助脱颖而出，奠定事业基础的关键产品——炮弹型车灯及后来在此基础上进一步改良的乐声牌方型电池车灯就属于创新模仿产品。

在此以前，人们为了夜间行车的方便，在自行车上安装车灯，最早是蜡烛车灯，因其固有缺陷，便有人发明了电池车灯。但当时的电池车灯寿命短，只能使用两小时左右，而且价格昂贵，一般消费者不敢问津。松下幸之助在做了充分的市场调查以后，深信车灯的市场前景十分广阔，便着手研制新型车灯。终于在1923

年大功告成，研制出形状似炮弹的炮弹型车灯。该灯充电一次使用寿命延长到 30 小时以上，且价格低廉，比蜡烛灯便宜得多。为此松下幸之助获得专利。后来的方型车灯品质更高一筹，价格更为低廉，从而使普通消费者也能轻松使用时髦车灯，极大地开拓了市场潜力。

纵观松下电器腾飞发展的历史，不难看出，使松下电器腾飞的杠杆主要是创新模仿，真正属于松下幸之助发明创造的全新产品并不多。

松下幸之助的做法也是日本电器业初级阶段的普遍做法。大家都不愿投入大量的人力、财力，冒风险真正开发新产品。"开发"被赋予不正确的含义，甚至跟"模仿"混为一谈。那时，新产品早被西方国家源源不断地发明出来，拿来利用都还来不及呢。

日本的电器业先是模仿舶来品，然后互相模仿国产货。

由此，松下幸之助从中悟出了一个道理："他人的研究发展固然可贵，总不如自己的有价值。自己不动手研究发展，技术就不可能进步。"

松下幸之助甚至提出"不限制技术经费"的想法，打破将开发研究限制在成本范围的"自我约束"。松下幸之助说："突破模仿的怪圈，我们的工作范围可以无限延伸，新知识、新构想不断产生。我们要在经营上、工作上、观念上有更自由奔放的作风。"

松下幸之助意识到开发新产品的重要意义后，无时无刻不在进行思索。以当时松下电器制作所的状态，开发新产品自然全靠松下幸之助自己。他本来就善于观察和思索，况且又是电灯公司的技术骨干，虽然之前的改良型电灯插座未能推向市场，却也积累了宝贵的经验。松下幸之助曾经吃过产品和顾客需求脱节的亏，这次他则敏锐地捕捉到了市场上的新动向、消费者的新宠——插头。

于是，松下幸之助先将精力放在了对单用插头的改良上。经过松下幸之助的琢磨，他以电灯的金属灯头为原料，做出了改良后的单用插头。因为造价十分低廉，而且效能很好，所以投放市场以后，很受消费者的欢迎，后来还出现了供不应求的局面。这可真是"无心插柳柳成荫"，这种如此热烈的市场反应大大超出了松下幸之助的意料。和过去插座千求万乞也卖不出去的情形相比，真是一个天上，一个地下。

受到改良插头成功的刺激和鼓励，松下幸之助继续着自己的创新工作。不久，他在原有的产品基础上进行了改造，发明了"双灯用插座"，和以前的插座相比，进一步提高了产品的质量和实用性。这种与旧货迥然不同的新品，凭借着它极强的适用性和优良品质，在投入市场以后，竟然比普通插座更为畅销。

对大多数企业来说，一味地为追求创新而创新，成功的概率其实很小。企业并不需要成为所谓的创新英雄，需要的是在市场上获得最终的成功。德鲁克说企业的两大使命是创新和营销，切莫忘记德鲁克对于"创新"的要义是创造消费与需求。

回顾"创新"的历史，福特发明了汽车，但时至今日，福特并不是汽车业的老大，金融危机的时候，福特甚至还在破产边缘挣扎；施乐创造出了全球第一台复印机，但它早就被佳能等日本企业打败；IM 的先行者是 ICQ 和 MSN，但在中国，行业的老大是模仿他们的 QQ；eBay 是全球电子商务行业的第一，淘宝只是模仿者和追赶者，可现在，eBay 在华的业绩根本无法与淘宝相提并论；同样的，雅虎也被中国模仿者们彻底击败。

"创新"需要一个过程，如果模仿都没学会，又何谈创造？模仿本身就是一种系统性的学习，每个人从小学习，难道不正是模仿吗？模仿并不是什么丢人的事情，恰恰相反，好的成功者，一定首先是个优秀的模仿者。当下，都在以乔布斯为楷模，为他的成功欢呼，实际上，乔布斯的产品走的都是模仿的路线，抄的都是别人的创意，在创业之初，他甚至是个剽窃者。而乔布斯的杰出之处恰恰在于能在模仿中创新。

凡客也并不是第一个通过网络销售服装的公司，在中国，第一个这样做的人是 PPG，他们的商业模式曾经获得过不少和创新或是最佳商业模式有关的奖项，但 PPG 最终没有成功，他们失败在没有节制的广告费用上。凡客起步之初，产品和 PPG 极像，甚至广告风格也接近，但凡客在深度模仿的基础上更加优化了供应链，并且在广告投放上没有像 PPG 那样大量使用平面媒体，而是使用了 CPS。时至今日，PPG 烟消云散，凡客却是如日中天。

凡客走的正是商业上的成功者通常所走的路子，首先是找到一个合适的标杆，然后再进行深度模仿，再来，就是修改这位"先烈"的不足之处，加以改造，最后诞生出更为卓越的产品和商业模式。

在快速消费品领域，娃哈哈是当之无愧的第一，但它们向来是从不争当先烈的。娃哈哈在矿泉水、茶饮料、八宝粥等领域都做到了翘楚，但它并不是第一个做这些产品的公司。模仿策略已经被娃哈哈视为致胜法宝，首先，不需要去试探所谓"创新"的产品能不能创造出新的消费者。其次，能在先行者的基础之上，根据市场需求进行有效改进。再次，能发挥自己所长，对先行者的软肋进行攻击。

用模仿带动创新

模仿和抄袭不同，抄袭只是邯郸学步地跟进，但模仿是一种深度的学习，从这个意义上讲，模仿也可以被看作是创新的一个必经阶段，或者说得更为干脆一点，大多数的创新实则是在模仿的基础之上进行的。没有模仿，就不会创新。而创新的本质也大多不是基于新技术，而是为了更贴近消费者，更为满足消费者的需求。

商业史上大多数的成功者是深度模仿者，即系统性的模仿，这和单纯的抄袭是不同的。一些不成功的中国服装企业大多仅仅从款式、外观上模仿欧美领先品牌，这就仅仅是抄袭，并且，这些抄袭的公司只是盯着市面上的流行产品，什么好卖模仿什么，并没有固定的学习标杆，风格也因为什么都抄而显得很混乱。这些做法都使得模仿只能停留于表面，并没有深入到这些领先品牌的核心——供应链运营、品牌管理和设计理念。

真正的模仿者在模仿之前是经过深思熟虑的，模仿的目的是为了追赶甚至打败行业的领导者。之所以模仿，是因为前行者已经指出了一条正确的路，如果硬要靠自己的想象去走一条截然不同的道路，成功的概率并不高。但深度模仿必须是整个系统的模仿，因为在没有进行系统性模仿之前，往往并不能深入体会到成功者究竟成功在何处以及还有什么是可以修正的。

事实上，深度模仿者有时候甚至比先行者自己还要理解产品的优劣以及企业行为的逻辑。先行者的成功也有可能是出于偶然的，而且这样的比例其实很大，其本身并没有去深入探究过"为什么会成功"这个问题，而是一直在寻求"如何能更为成功"。并且，在成功之后，企业的惯性也往往会推动这种成功的行为方式，并且建立官僚管理体系以降低失败的风险。但模仿者不会有这种"只缘身在此山中"的惰性思维，他们之间的企业 DNA 并不相同，要学习成功者，思考为什么成功是必须做的事情，这就让模仿者能接触到比"成功"更为本质的东西，探寻到企业真正的核心竞争优势并加以学习。而实际情况也正是如此，在领导企业里，探讨最多的往往是执行，但在追赶企业里，探讨最多的却是分析领导企业为什么这么做。

这就是为什么创新者被赶超之后往往就一落千丈，再也比不上模仿者的原因。模仿者身上有着更强的学习和研究基因，创新者有时候却过于沉溺于标新立异，喜欢走弯路，没有像优秀的模仿者那样，善于探寻最简单的解决市场问题的路径。所以，真正能后来居上的模仿者一定是有着善于学习、研究并总结的基因的，并且立足于市场实际，渴望以最小的投入获得最大的商业回报。

模仿者的模仿策略无非是两个，一个是模仿其他产品，一个是模仿其他公司。虽然这两者都是可行的，但也存在一定的差异。产品模仿是大多数公司干的事情，但能出好产品的却仍然是少数公司，这里面的问题在于，产品和整个公司的战略、品牌定位是息息相关的，单纯的产品模仿并不能造就伟大的企业，除非这个企业有着自己的强大基因，能把它融入到模仿来的产品中去。苹果就是这样的典型，电脑——包括 iPad

这样的平板电脑并非苹果发明，但他模仿了其他公司的优秀创意，并且融入了自己的理念，使之在模仿的过程中实现了脱胎换骨。

百事可乐在很长一段时间内无疑是模仿可口可乐的典型，针对可口可乐进行了系统性深入骨髓的模仿。但正是这样的模仿使得百事可乐在努力了几十年后，终于超越可口可乐获得了全球市场份额的第一。在这种模仿的过程中，模仿者越来越了解先行者，只要先行者出现一点错误，就极有可能被模仿者赶上，而学习的基因已经使得模仿者本身也非常强大，这正是模仿者的可怕之处。

模仿者在模仿其他公司时，往往是哪怕缺点也要模仿，这并非是简单的亦步亦趋，而是模仿者需要时间去体会，什么是先行者正确的策略，什么是失败的。有时候，即便明知有错误，也需要进行模仿，因为在没有足够强大到有能力纠正错误之前，模仿错误比犯更大的错误也许成本会更低。

承认模仿正是一个企业开始学习优秀竞争者的开始，事实也是如此，在高喊"创新"的时候，大多数企业实际上做的还是在模仿。这也许正是市场经济的最理性选择，也是正确的选择，成功的模仿并不比空谈创新容易，通过系统的模仿，才能真正将后起的企业带入到正确的道路上去。企业不应该为那些有关创新的激动人心的华丽辞藻所动，如果你想成功，首先就应该成为一个好的模仿者，就像松下幸之助那样，因为，99%的情况是没有模仿就不会有创新。

第二节　在辛勤中获利

薪资与业绩成正比，职位与辛劳也是成正比的。处在高位的经营者，不但要忍受数倍于他人的辛苦劳顿，还要有解决苦差事的信心和准备。经营者成功的素质很多，辛苦劳顿是必备的一条。

付出与收获是成正比的

平日里，说某某高职者"日理万机""百忙之中"的话是听惯了的。其实，不独政界如此，商界的情形恐有过之而无不及。松下幸之助说："职位越高，工作越苦，职位和辛劳是成正比的。"

经营的草创时期自不必说。松下幸之助自主经营的初期，除了帮忙的两个朋友之外，就是松下幸之助自己、妻子和内弟，所以加工场所、原料、制作、销售这一系列的事情都要他亲自来做。及至后来的生产插座、灯头，也都是如此。在最困难的时候，松下幸之助本来就不怎么样的身体染病，医生要他停止工作疗养，可是松下幸之助却想，与其坐下来饿死，还不如累死，都是死，反倒是忙碌辛劳些更有意思。就这样，他一直坚持工作，而病魔居然被他斗败了。

那么，经营者的辛劳应该到什么样的地步才算够格呢？"经营之神"松下幸之助的答案可能要让许多人震惊。有一次，松下幸之助说："累得便血，才算够格的经营者。"他这样说，也这样以此问题询及别人，他也真有过这样的体验。历史上的所谓"鞠躬尽瘁，死而后已"，说的也就是松下幸之助这种情形吧？

当然，也有极其轻闲的经营者。比如某家族集团的继承人，他一生下来就身价亿万，及长而继承，自己做个董事局的主席，具体事情都委托诸总经理们去办。这样的经营者当然轻闲。不过，在松下幸之助的眼里，他们是不够格的经营者。

关于经营者含辛茹苦的必要和意义，松下幸之助有他的经验之谈：

"一个上下班的职员，他有一定的工作和休息时间。但不管公司的大小，身为老板或高级干部，别人都在休假，自己可不能休假。即便身体得到休息，脑子却要一刻不停地思索关于经营的事情。如果说这是一种束缚，这确实是束缚；要说这样很累，也确实很累。但是领导着几十人，甚至成百上千人的公司，员工的生活都在自己双肩上担负着，对于如此的重任怎能掉以轻心呢？也正因为如此，经营者才能感受到生存的价值，生活也才更有趣味，在逆境中也才会有转机。如果能感受到这些的话，就不会觉得责任是一种束缚，也不会对繁忙的工作感到倦怠。这些观念，就如同能促进血液循环一样，可以使自己在忙碌的工作中忘却疲劳。"

劳动是财富之父

劳动是财富之父，许多富翁正是靠着勤奋劳动才积累和保持住了自己的财富，缺少财富的人更需要付出劳动，因为天下没有免费的午餐，

不付出劳动而想获得财富是痴心妄想。

艾尼瓦尔·阿不都热依木有两个蔬菜大棚,共有一亩地。今年5月,大棚里的第一季豆角一上市,就卖上了好价钱,一吨半豆角卖了6000多元钱。等到第二季豆角卖完,艾尼瓦尔·阿不都热依木就要种上辣子,等到冬天成熟时,又可以卖个好价钱。

1999年以前,艾尼瓦尔·阿不都热依木一家5口仅靠6亩半地生活,没有其他经济来源,日子一直过得紧巴巴的。这年冬天,在县里的"科技之冬"宣传日上,他看到有关蔬菜大棚的介绍时,心里就留了意。在此之前,茫丁乡还没有少数民族群众搞蔬菜大棚。"我能不能行,万一搞砸了咋办?"他拿着有关蔬菜大棚的材料去找乡里的技术员。在乡党委、乡政府的支持下,2000年艾尼瓦尔·阿不都热依木顺利地从银行贷到2.4万元的无息贷款,建起了蔬菜大棚。

大棚刚建起来时,精河县刚好从山东寿光请来了蔬菜大棚栽培的技术人员,手把手地教艾尼瓦尔·阿不都热依木种大棚菜。艾尼瓦尔·阿不都热依木勤奋好学,很快就掌握了大棚蔬菜种植技术。当年,他的两座蔬菜大棚就获利1.5万余元。

2003年,艾尼瓦尔·阿不都热依木又在自家大棚边上建起容积为35立方米的旋流布料式沼气池,用沼气做饭、烧水,大大减少了生活用煤;用沼气给大棚蔬菜照明补光和提温,用沼液喷施蔬菜叶面预防病虫害,增加肥力,沼渣还用作底肥。他种的菜基本不施化肥和农药,很受消费者欢迎,还能卖上好价钱。

自己过上了好日子,艾尼瓦尔·阿不都热依木不忘其他信教群众。他常常在讲经的时候将自己的亲身体会告诉信教群众,并告诉群众：要靠自己的双手勤劳致富。

当今社会，多少人梦想一夜致富。由此可见，金钱的"魅力"何其之大。古今贤人都说"钱财乃身外之物""最受不了这铜臭味"。但古往今来，谁又能真正做到"不汲汲于富贵"呢？确切地说，还没有人那么神圣、伟大。毋庸置疑，每个人都想致富。但想致富，只是一种大脑浅层的思想意识，如果每天仅仅做做白日梦就可以一夜暴富，那么，"勤奋"这个名词还有存在的价值吗？

伟大的发明家爱迪生说过，天才是靠 99% 的汗水和 1% 的天分，如若不脚踏实地地勤奋工作，你终究不会踏上财富之路。即使你一时发财了，也只会是暂时的，随着时间一点一滴地流逝，一切都将恢复原状。遍地的黄金，单等勤劳人。因此，只有勤劳地付出，才会有所收获。机遇永远只留给有准备的人，而懒惰的人将终生碌碌无为，一无所获。切记，勤劳才是打开财富之门的金钥匙。

如果财富是一座高楼，那么只有稳固厚实的地基才能支撑；如果财富是一座金字塔，那么只有殷实渊博的智慧才能建成。无论是地基还是智慧，都离不开传统美德——勤劳。

如果你想让贫穷通往富裕的道路畅通无阻，请记住"一分耕耘一分收获"，只有今天的勤奋与汗水才会换来明天的丰收与喜悦。

第三节　不独立难成功

这不仅是说要走向独立，自己撑起一摊来，更是指在经营中消除侥幸心理，独立自主，逢山开路，遇水搭桥。

想成功，先学会独立

事业的成功离不开别人的支援和帮助，但若是在羽翼下长大，便无成功可言。成功首先就要独立，要走自己的路，才有飞翔的可能。

松下幸之助是个不甘于现状的人，小小年纪之时，他就考虑着将来独立。24 岁的时候，他终于下定了决心——辞职独立。

说是独立，除了主观因素之外，客观的原因也是有的。松下幸之助结婚以后，事业家庭都不错，内有娇妻，外有令人羡慕的职业。但是，大概是闲得慌，松下幸之助身体老有不适，最后竟闹起肺病。当时的规矩是，如果请假，那就连一天工资也拿不到，连生活也无从维持。这个客观现实，使松下幸之助最后下了自立的决心。

虽说如此，松下幸之助自立还是主观的因素在起主导作用。在他的心中，能够独立地做一个生意人，干出一番事业来，一直是他心之向往的。独立以后，虽说波折时起、困难重重，但松下幸之助却从未想过要回到原来的公司去。

松下幸之助说："即便我去卖面，也一定要做出比别人更好吃的面，让客人大饱口福。"

松下幸之助认为，这种独立心态应该是成功的经营者必备的。这不仅是说要走向独立，自己撑起一摊来，更是指在经营中消除侥幸心理，独立自主，逢山开路，遇水搭桥。美国钢铁大王卡内基的一段话，使松下幸之助颇有共鸣：

"我觉得一个人若想真正成功，最好是让他生长在贫贱的环境中。因为今天的社会处处凶险，犹如巨浪滔天的汪洋，所以必须要有坚强的决心，凭自己的力量，才能开拓美好的前程。创业时最好是一无凭借，才不会产生依赖的心理。因为作为成功的人，最要紧的就是要有独立心。而一般生长在豪门富室中的公子哥儿，由于过惯了挥霍享受的日子，很难再要求他们刻苦耐劳，所以往往就成为不幸的失败者。"

有句话说：靠吃别人的饭过日子，就会饿一辈子。独立创业就是要抛弃一切依赖，要有独自面对成功和失败的较强的心理素质，要有义无反顾的决心和在时机成熟时果断行动的魄力。只有在独立创业中，你才能积累自己经商的经验，锻炼自己的胆识和能力，为博取财富打下良好的基础。

没有依赖，你也能跨过人生的每一道坎

在美国芝加哥的郊外村落里，居住着约翰·盖兹，就是这个名不见经传的家伙，突然之间在美国的钢铁业崛起，并且在华尔街名声大噪起来，甚至还威胁着摩根。

他比摩根小18岁，最初他在家乡的某个学校里读书，毕业之后，又来到西北学院学了半年的商业课程。

有一天，他望着街上林立的高楼，突发感慨：何时我才能有这样宽敞明亮的房间，让含辛茹苦的父母脱离贫民窟？母亲看出他的想法，告诉他："我们家之所以没有人出人头地，是因为你父亲从来就没有自己独立做过生意，总是犹豫不决，不敢行动。"

盖兹听了，深有感触。他牢牢记住了母亲的话。对一个贫穷又没有任何家庭背景的人来说，盖兹想：我一定要靠自己的能力证明自己，靠创造财富改变自己的命运。

盖兹19岁时就开始投入生意场中，先在村里的小杂货店里买下了半数的股份。之后，为了锻炼自己经商的能力，他干脆自己经营这家杂货店。虽然"创业艰难百战多"，但在这时，他的商业才能已经初步显示出来。在这个杂货店里，他学会了通过制造倒钩铁丝来赚取利润。

在杂货店里待了一段时间，盖兹已经明白了一些经商的道理，了解了一些赚钱的方法，他便毫不犹豫地将小店处理掉，准备远走高飞，独自一人去外面闯世界。

带着自己的财富梦，凭着一股创业的激情，他来到得克萨斯州艾尔伍德的铁厂干活。由于他有经营倒钩铁丝方面的营销经验，老板让他专门干起推销倒钩铁丝的行业。

当时，倒钩铁丝在得克萨斯州有着广大的市场。该州及其西部各州土地辽阔，农场遍布，再加上经常遇到风雨，牛马及羊等家畜的木头栅栏不能久经风吹雨淋，因而需要大量的倒钩铁丝来加固篱笆。盖兹瞅准时机，大力拓展市场。一个并不起眼的小商品为他带来了滚滚财富。盖兹成功地为自己积累了一笔不小的创业资本。

在得克萨斯州的日子，盖兹见识了不少富豪，他们经营事业的雄心和潇洒快意的生活方式让他感触很大，他决心要靠独立创业圆自己的财富梦。他觉得自己羽翼渐丰了，便转移到了圣路易，

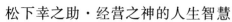

利用自己的一技之长，开办了属于自己的倒钩铁丝公司。

1898年，在美西战争如火如荼地进行的时候，盖兹开始大手笔实施自己的财富行动。他在新泽西州联合了7家倒钩铁丝公司，组成了一个资金为9000万元的美国钢铁·铁丝公司。这棵财富之树的幼芽终于在世界冒尖了。人们这才认识到，原来除了摩根、卡内基之外，还有一个叫盖兹的厉害角色正在崛起。

后来，盖兹以最初的公司为母公司，逐渐合并各小企业。合并时以超过股票时价的钱支付给被合并公司的旧股东。合并后新公司的股票再以超过其价钱卖掉。他希望以美国钢铁·铁丝作为根据地，称霸于世界的钢铁业界。人们这样评价他：手段之凌厉，不亚于当年的摩根。

在美国经济高速发展的年代，盖兹这位后起之秀，凭着自己独立创业的行动，一步步把自己的财富梦变成了令人羡慕的事实。

成功后，在自己的豪华公寓里，盖兹常常感激母亲当年对他说过的话，他也常常庆幸自己义无反顾地迈出了创业的第一步。

每一个决心独立创业的人们，像盖兹那样，勇敢地去创立一番事业吧！你会发现，没有依赖，自己也能跨过人生的每一道坎。那是能力的证明，是最值得庆幸和自豪的。在自我价值的证明和提升中，你对财富的憧憬和向往就能逐步变成现实，那是最令人欣慰的。

松下幸之助的独立理念与盖兹如出一辙，他也认为，经营者还应该要求自己的部属和员工也有独立心。他认为，倘若大家都不是独立自主的人，集合在一起也不过是一群互相依赖的乌合之众。因此，领导者不仅要自己养成独立自主的精神，同时也要指导部属去培养。因为如果只有领导者有这种性格，而他的部属却事事要依赖领导者，那就根本谈不上进步和发展了。

第四节　开创事业需要热忱

热忱是一个人最高贵的品质。成就事业就像打井一样，假如三天两头换井来打，地上便总会出现深深浅浅的洞，却不见清泉涌出。因为每一件事情都要有量的积累，很多人做事情都是三分钟热度，所以很难成功。只有像凸透镜一样把所有的力量持续聚焦在一个点上，才能燃烧，而能够激发持续动力的非热忱莫属。

热忱是个性的原动力

松下幸之助对事业的热忱就像熊熊烈火。他知道，热忱足以化解那些人身上的私心杂念，而将其造就成一个纯粹且伟大的人。

因此，当你决定开创事业时，就注定必须具备感染他人的重要气质。在这些重要的气质中，热忱是最主要的。许多情况下，人们之所以愿意跟随你去创业，在很大程度上是受到你热情的感染，所以热忱是个性的原动力。

有个年轻的棒球手法兰克·贝德佳参加，三州棒球联盟赛，代表宾州的约翰顿队出场比赛。当时，贝德佳刚刚踏入职业棒球生涯，年轻且充满野心，一心渴望有机会跃升为明星球员。但谁也没预料到，贝德佳少年很不得志。他在没有接到通知的情况下

被经理炒了鱿鱼。大家完全可以想象得到，当自己少年的理想成为泡影时，他的内心所承受的压力有多大。贝德佳气愤极了，一口气跑到经理办公室，质问真正的原因。

经理回答的理由非常简单："你给群众的感觉就像在球场上漫步，动作实在太迟钝了。"这样的回答让贝德佳非常惊讶。经理还说："你的模样就像打了20多年棒球的老选手，简直是慢郎中打球。如果这不是因为你懒散，又怎么会是如此的表现呢？"

贝德佳向经理解释理由。经理安慰他道："法兰克，你这样一辈子也无法出人头地。这样只会拖垮你，使你退却。离开这里后，你可以找一份不同的工作，但无论你从事什么职业，记住：昂首挺胸，鼓起最大的勇气，在工作中注入更多的热忱，否则，你这辈子便注定要庸庸碌碌，无所作为。"贝德佳那时候无法理解这番话的内涵，满怀愤怒地离开了经理办公室。但10年以后，当他事业进入最高峰的时候，当他以自己的热忱和自信向人们传播成功奥秘的时候，他突然明白经理在10年前对他所说的那句话的深刻含义。

松下幸之助常常与各部门的负责人谈话，如果在场的都是部长级的干部，松下幸之助就会说："你的部门有各式各样的工作，相对的也存在各式各样的难题。就算你是个部长，也不能做好每一件细微的小事，因为你的能力有限。更何况在你的部属中，可能有些比你更有才华，在某些方面，他的见解可能比你更精辟，所以，虽然在部门里你是主管，但在许多专业知识上，反而是个受教者。"

身为一位主管，首先应具备的条件往往不是学识或技术，而是对工作的热忱。因为，社会上比你有才识的人到处都是，但对工作的热忱却是不容易保持的。作为一名主管，应该是部门里最认真、最勤劳的工作者，只有这样，才能使部属对你由衷地佩服。

如果你的部属认为"我们的主管虽然不够聪明，但是他那股干劲儿真使人佩服，真该学习他的精神"，那你就已经成功了。因为，你的部属会发挥他的所有才能协助你完成工作，推动业务发展。相反的，如果你没有那股工作热忱，就没有资格担任经理。

当然，一个主管级的人物如果样样优秀，不论在学问、技术、修养、能力各方面都足以成为部属的表率，是再好不过的了。可是，这种十全十美的人往往很难遇到。一般人总是在某些方面比较突出，而在其他方面则显得相对笨拙。作为一个主管，需切记的是，你可以在很多方面比不上部属，但是唯有在工作热忱上绝不可以有欠缺。

松下幸之助再三强调，身为一名主管可以少有智慧和才华，但对于工作热忱，必须永葆领先。主管有了认真的工作态度，就能使有智慧的人贡献出智慧，有能力的人发挥能力，把这两股力量汇集起来，就足以开创成功的事业了。

热忱让团队更有战斗力

现代社会的发展可谓日新月异，在技术方面随时会有新问题出现，尤其是电脑等高科技产品的运用。而松下幸之助对于这些新科技完全不懂。松下幸之助认为，不只是他一个人如此，许多经营者也对现代的专业知识都不是很了解。

无论再难的问题，总会有精通的人才去负责解决。经营者不一定是全能，但如果对工作具有热忱，在行动上表现出对新知识的渴望，往往会激励部属开发的雄心。如果同时对技术的创新能够积极地去学习，更会促使部属在工作层面上日益精进。

在现代商业社会中，团队合作越来越重要，每个人都要有和各种人打交道的能力，而热忱正是人们愿意达成信任与合作的对象。一位成功的业务经理说，热忱是优秀的推销员最重要的资质，一言一行、一举一动都要让对方感觉到你的真诚和热情。你在这个世界上付出的热忱越多，就会有越多的朋友觉得你是可以信任的。

曾经有3个英国记者做游戏，要在纸片上写上一位著名律师的名字。第一个人解释时说："每次他进房间，给人的感觉都是容光焕发。他热忱活泼、乐观开朗，总是能振奋人心。"第二个人也解释了他的理由："他无论什么场合，做什么事情，都是尽其所能、全力以赴。他的热忱感动着每一个人。"第三个人说："他对一切事物都尽心尽力，所付出的热忱无人能比。"

可见热忱可以带给别人信任感。一个具有热忱态度的人，是一个具有更大成功可能性的人，别人更愿意和他合作。一个人如果缺乏热忱，就难成大事。不仅是松下幸之助，历史上还有很多杰出的人物都充满了热忱。凭借着热忱，莎士比亚在纸上书写了他的不朽戏剧；因为热忱，雨果在写《巴黎圣母院》的时候，为了拒绝别人的宴请把自己一半的头发剃光；圣女贞德凭着一柄圣剑和一面圣旗，外加她对自己使命坚定不移的信念，为法国的部队注入了即便是国王和大臣也无法提供的热忱，正是她的热忱，扫清了前进道路上的一切阻碍……

凭借热忱，军队才能克敌制胜；有了热忱，艺术品才能流传后世；拥有热忱，人类才能创造出震撼人心的音乐。一切无私崇高的风险都需要热忱来感动。因此，青少年想要成功，就要先调动自己的热忱，并使它持续燃烧。

第五节　把时间用在刀刃上

许多人工作过度而吃力的真正原因并不是工作太多，是因为没有计划，而计划首先就意味着准确地计算和支配时间。

不浪费一分一秒

培根说过："选择时间就等于节省时间，而不合乎时宜的举动则等于乱打空气。"同样是在工作，有些人只懂得勤勤恳恳、循规蹈矩，终其一生也成就不大；而聪明的人却在努力寻找一种最佳的方法，在有限的条件中最大程度地发挥才智的作用，将工作做到最完美，松下幸之助就能做到这一点。他非常珍惜时间，不管做什么都提前想好，然后尽可能地不浪费一分一秒。

同样是在解决难题，思想老化的人年复一年、机械地重复着手边的工作，毫无创新；相反，会动脑子的人会借着问题，将工作上升到更高效的层面，自己也可一劳永逸。

工作无序、没有条理，必然浪费时间。试想，如果一个搞文字工作的人资料乱放，本来一天就能写好的材料，找资料就找了半天，岂不费事？

工作有序体现在对时间的支配上，首先要求要有明确的目的性。很多成功人士指出：如果能把自己的工作内容清楚地写出来，便能很好地进行自我管理，就会使工作条理化，因而使效率得到很大的提高。只有明确自己的工作是什么，才能认识自己工作的全貌，从全局着眼观察整个工作，防止每天陷于杂乱的事务中。

美中贸易全国委员会主席唐纳德在《提高生产率》一书中讲到了提高效率的"三原则"，即为了提高效率，每做一件事情时，应该先问三个"能不能"：能不能取消它？能不能把它与别的事情合并起来做？能不能用更简便的方法来取代它？

有序原则是时间管理的重要原则。一位著名科学家说："无头绪地、盲目地工作，往往效率很低。正确地组织安排自己的活动，首先就意味着准确地计算和支配时间。虽然客观条件使我难以这样做到，但我仍然尽力坚持按计划利用自己的时间，每分钟地计算着自己的时间，并经常分析工作计划未按时完成的原因，就此采取相应的改进措施。通常我会在晚上定出翌日的计划，定出一周或更长时间的计划。即使在不从事科学工作的时候，我也非常珍视一点一滴的时间。"

许多人工作过度而吃力的真正原因并不是工作太多，而是因为没有计划。没有计划，你很可能被一些不在计划之内的事缠身，该做的事却做不完。如果你就是管理者却做事没有计划，你就不能更好地管理工厂里的员工，不能训练他们的专业知识，不能叫他们高效率地制造出产品。如果你每天有计划，那么你在每分钟之内都应当知道做什么事。

除了要有计划，还要勤奋，因为只有这样，才能保证计划的正常实施。勤奋是保持高效率的前提，只有勤勤恳恳、扎扎实实地工作，才能把自己的才能和潜力全部发挥出来，才能在短时间内创造出更多的价值。缺乏事业至上、勤奋努力的精神，就只有观望他人在事业上不断取得成就，而自己却在懒惰中消耗生命，甚至因为工作效率低下失去谋生之本。

享受生活固然没错，但怎样成为老板眼中有价值的员工，这才是最应该考虑的。一位有头脑的、聪明的员工绝不会错过任何一个可以让他们的能力得以提升，让他们的才华得以施展的工作。尽管有时这些工作可能薪水低微，可能繁重而艰巨，但它对自己意志的磨炼、对自己坚韧性格的培养，都是能让员工一生受益的宝贵财富。所以，正确地认识你的工作，勤勤恳恳地努力去做，才是对自己负责的表现。

有方法才能有效率

18世纪，天文学家在火星与木星之间找到了一颗小行星。为了搞清它究竟是行星还是彗星，相关学者便请数学家计算它的运行轨道。数学泰斗欧拉计算了三天三夜，当数据出现时，他的右眼却因劳累过度而失明了。与欧拉同时接受计算任务的数学家高斯，首先革新了欧拉行星运行轨道的计算方法，引入了一个八次方程，仅花1小时就得出了更加精确的结果。

1901年1月1日，人们循着高斯计算的运行轨道，终于找到了这颗小行星——谷神星。高斯深有感触地说："若是我不变换计算方法，我的眼睛也会瞎的。"

无头绪地、盲目地工作，往往效率很低。正确地组织安排自己的活动，首先就意味着准确地计算和支配时间。然而，很多人却充当着消防员的角色，自觉或不自觉地把大部分时间用于处理急事，他们每天都在处理危机、四处救火。每天下来，他们总是身心疲惫不堪，却没有干成几件要事。

为了"救火"，他们根本没有时间去处理该处理的问题，去思考最应该思考的要事。不是他们不想做事，而是他们把大部分精力和时间花掉了，以至于到最后不得不办时，早已错过了处理的最佳时机。如此日复一日的恶性循环，让自己像一个"危机管理人"那样，完全被大小事务控制住了，因此失去了驾驭工作和生活的主动性。

因而我们说，有方法才能有效率。有的人用一天才能完成的工作，别人几个小时就可以完成，那是因为找到了适当的方法。那么，在现实工作中，我们该如何去找到好的方法呢？答案就是，要善于发现事物的必要联系和规律。

有一次，美国华盛顿广场杰斐逊纪念大厦的某处墙面出现了裂纹，为了保护好这幢大厦，有关专家进行了专门研讨。最初大家认为损害建筑物表面的元凶是有侵蚀性的酸雨。为此，专家们设计了一套套复杂而又详尽的维护方案。

但是经过进一步研究却发现，最直接的原因是每天冲洗墙壁所用的清洁剂对建筑物有酸蚀作用。那为什么每天要冲洗墙壁呢？因为墙壁上每天都有大量的鸟粪。为什么会有那么多鸟粪呢？因为大厦周围聚集了很多燕子。为什么会有那么多燕子呢？因为墙上有很多燕子爱吃的蜘蛛。为什么会有那么多蜘蛛呢？因为大厦四周有蜘蛛喜欢吃的飞虫。为什么有这么多飞虫呢？因为开着的窗子阳光充足，大量飞虫聚集在此，超常繁殖。

由此，专家们发现解决的办法其实很简单，只要拉上大厦某一面的窗帘，一切问题即可迎刃而解。此前设计的那些复杂的维护方案也就都成了一纸空文。

只要拉上窗帘就能节省每年几百万美元的维修费用，这就是系统思考带给我们的启示。我们处理问题时，若能从看似不相干的东西中找出必然的联系，往往能够收到事半功倍的功效。

愚公精神固然值得敬仰，但如果只是徒劳无功，就会变得毫无意义。因为时下毕竟是用结果来说话的社会，没有业绩，一切辛苦都没有意义。因此，对待工作必须讲究方法，想尽办法提高工作效率，提升业绩。

如果松下幸之助做事不够小心谨慎，不讲求万无一失，而去疏忽小事，浪费时间做没有效率的事情，那就不会有如今的松下，更没有松下幸之助缔造的传奇了。事实证明，任何小的事情都应该仔细去做，不可粗心大意。

但是，为此而耗费太多的时间是不能成就大事的，以前讲求的是慢工出细活，对速度要求还在其次。现在可大不相同了，这是一个分秒必争的时代，除了做事要小心谨慎外，人们更侧重于速度，这样做事才能成功，博得人们的赞美。

做得快却粗制滥造，是不足取的；同样，做得细致却过于迟缓，也是不足取的。"精密而迅速"才是适应时代发展的方法。

第六节　不可一味地追逐利益

供给的物质和服务的内容虽然因行为而不同，但是经过事业活动，贡献力量以及提高人类生活的品质，是所有企业共通的目标。如果抛弃这种根本的使命感，就绝对不能开创出强有力的事业经营。

不要利欲熏心

若干年前，松下幸之助意外地收到一封从北海道的札幌寄来的信，内容大致如下：我是一位眼镜商人，前几天，在杂志上看到了您的照片，因为您所配戴的眼镜不大适合您的脸形，希望我能为您服务，替您装配一副好眼镜。

松下幸之助觉得这只是位热心的眼镜商人，就没把这件事放在心上，随便地寄了一张感谢函给他。后来，有一次他到北海道演讲，没想到的是他刚演讲完，那位曾寄信给他的眼镜商人立刻要求与他见面。

这位眼镜商的年纪大约在 60 岁左右，他与松下幸之助聊了一会儿后，对松下幸之助说："您的眼镜跟那时候的差不多，请让我替您另配一副吧。"松下幸之助吃惊之余，着实为他的热诚感动，于是就说："一切就拜托您了，我会戴上您所装配的眼镜的。"

松下幸之助由于工作繁忙，不得不整天洽谈商务。于是这个眼镜商就在松下幸之助谈判时，替松下幸之助检视了他以前的眼镜度数，并说 16 天后会送来。但是临别时，这个眼镜商又对松下幸之助说："您戴的眼镜已经是好几年前的了，您的视力现在肯定已经有所改变了，为了能让您的眼镜戴起来更舒服，您能否抽出 10 分钟到我的店里来检查一下，只要 10 分钟就可以了。"

松下幸之助因为只有 10 分钟就答应了。于是在回大阪的飞机起飞前两个小时，来到了这个眼镜商的店铺。

松下幸之助走近一瞧，着实吃了一惊，那间店铺位于札幌市类似银座或心斋桥的繁华街道上，站在店铺前，宛如置身于眼镜百货公司中，完全不是当时自己以为的是这个小店主为了揽生意才去找自己的。以这个店铺的规模，根本没有必要为了一个顾客花费这么大的精力。

当他被招待进入店内后，店里大约有30位客人正看着大型电视机，耐心地等待着，这里一切的检验装置都是世界上最精密的产品，令他叹为观止，这真是间不同凡响的眼镜店。

尤其让松下幸之助佩服的是，那些店员的举止及服务礼仪让人挑不出一点儿瑕疵，让人打心眼儿里感到舒服，而那位老板也笑容满面地在店里穿梭不停。

松下幸之助从内心感叹这才是做生意必备的作风，敬佩之情油然而生，于是他走到老板身边说："您的工作这么繁忙，竟然在看到杂志后马上写信给我，您难道只是为了做我这一单微不足道的生意吗？"

老板笑着说："当然不只是这样，因为您经常出国，倘若戴着那副眼镜出国，外国人会误以为日本没有好的眼镜行。为了避免受到这种评价，所以我才写信给您。"

听了这番话后，松下幸之助对这位老板肃然起敬。他不仅从这位老板身上学到了做生意应该坚定信念，同时也懂得了追求利益并不是做生意的最终目的。

开阔视野，摒除商人唯利是图的铜臭味，以诚待人，努力工作，这是做生意的不二法门。

利润不是最终的追求

人类一直有追求无限地生长和进步的欲望。而企业经营的基本使命就在于维持和提高人类的生活文化，并且满足人们的要求。就像虽然每个人都希望住舒适的房子，但是如果没有生产者供给房子，愿望就无法实现，而且为了盖房子，必须生产并提供各种建材。这种生产与供给的工作就是彼此经由事业的经营进行的。

不只是房子，所有的生活物资甚至是服务或情报信息等无形的东西都在因人类的需要而不断产生，并且以适当的价格和充裕的供给来满足人类，这些都是企业经营的使命所在。也只有这样，企业才有其存在的意义。

一般人都认为企业的目的在于追求利润，松下幸之助认为，利润确实是推行健全事业所不可欠缺的工具，但绝不是最终的目的。因为企业的根本使命在于谋求人类生活品质的提高，也只有努力达成根本使命时，利润才会变得更重要，这点千万不能误解。

实际上，一个负有提高社会生活品质之使命的企业，应该是社会的"公器"，但是如果它经营的事业不能产生任何成果，这是不可原谅的，它也就没有存在的价值了。

我们经常说"企业的社会责任"，纵使其内容会因社会时势的变迁而不同，但是不管处在哪个时代，基本的社会责任可以说都是透过其经营的事业以贡献并提高社会大众的生活。

商业道德简单地说就是商人应有的态度，不管在古代还是在现代，它是永远不变的。

如形式上，将原来用手操作的改用机器替代，就更精密、更有效率。或者以前用脚踏车慢慢搬运就算最好，随着时代的变迁，改用汽车又快又大量地输送，显示一切都进步了。这种有形的技术虽然有变化，但无形的商业道德，无论是什么时代，应该都是不变的。

对待客人要客气，服务要亲切，当然都很重要，但这些只是细节问题，如果忽视了最重要的商业道德，那么不论多客气、多亲切，也不能算是完整的商业道德了。

如经营报社，它的商业道德就是没有偏袒地公正报道。有趣、迅速虽然重要，但欠公正的报道，就违反商业道德了。

所以，身为经营者要根据自己所经营的事业时刻检讨自己，反省自己，不做违背商业道德的行为。

第七节　品牌是无形的资产

品牌是企业的无形资产，它对企业的根本意义在于其代表着很高的经济效益和经济实力，一个著名品牌本身就是企业的一笔巨大的无形资产。

品牌塑造价值

在松下幸之助眼里，品牌是企业形象的代名词。品牌不仅是表示商品或服务来源的标志，而且是企业商品或服务的市场信誉、市场占有率和市场竞争力的集中体现，其发展水平是衡量一个国家、一个地区的经济和科技水平的重要标志，品牌资产对企业组织的各个关系层面均产生价值。

对企业来说，品牌价值可带来商誉和利润、资金及营销投资效应；对顾客来说，品牌价值可带来形象、身份和知己；对投资者来说，品牌可带来股值、信心、意愿；对通路渠道来说，品牌价值可带来货架权和周转力。总之，品牌是企业的无形资产，它对企业的根本意义在于其代表着很高的经济效益和经济实力，一个著名品牌本身就是企业的一笔巨大的无形资产，例如，可口可乐，其品牌价值是 673.9 亿元；微软的品牌价值是 613.7 亿美元。

金利来成功的形象设计促成其在质量基础上实现快速发展就是一个典型案例。

曾宪梓创制的"金狮"品牌高级领带，凭着过硬的质量终于在香港站稳了脚跟。但是曾宪梓在销售终端调研时观察到这么一个现象，有的顾客把"金狮"领带拿在手里左看右看，似乎无可挑剔，可是最后还是丢下来没有买，这到底是什么原因呢？后来有一位朋友告诉他，问题恰恰出在"金狮"这个商标上，因为在粤语发言中，"狮"与"蚀"很相近，"金狮"很容易被听成"金蚀"，也就是赔本的意思。你想，香港人个个想发财，不是办企业的，就是经商的，谁不想赚钱而愿意赔本呢？

曾宪梓毅然决定放弃"金狮"这个容易被人误解的名牌，另选商标。他想到，香港人多半熟悉英语，"金狮"的英文拼写为goldlion，而后半部分的 lion 读音很像粤语的"利来"两字。"金利来"，金也来、利也来，这个商标不但符合人们的发财思想，而且上口好记，于是他决定改用"金利来"作为新的商标。他又想到中国人很少用毛笔写英文，如果用毛笔写下 goldlion，字型就显得很特别，于是他就在白纸上用毛笔写下这个英文词，又用一枚钱币画了个圆，用三角尺画上个角，一个优美的商标构图就形成了。曾宪梓得意地说："这个商标构图完全是我自己设计的，没有花一分钱。"

"金利来"商标一问世，果然使曾宪梓的领带生意更上一层楼。人们被这个吉利的商标吸引，很自然地就激起了购买欲，金利来不仅风行香港，还迅速打入中国内地、台湾、澳门及国际市场，已然成为一个国际知名品牌。

品牌就是一切

松下幸之助曾感慨地说："品牌就是一切。"很多时候，品牌的声誉就代表了企业的声誉。当松下幸之助的业务慢慢走上轨道以后，他开始想到为自己建立长久使用的品牌。这个品牌不单单应用到个别的产品上，而是他生产的每一类产品都使用这个品牌名称，让消费者一看就知道这是松下电器的产品。不但在日本本土使用这个名称，在全球各个电器市场上，都不例外。因此，他要为品牌的名称动动脑筋了。1925年，他要企业职员和他一起精挑细选品牌的名字，他们经磋商之后，定出了选择品牌名称的5个标准：容易记忆、易说、易写、好听、吸引人注意。

松下幸之助的正规教育水平低。在日本，那些受过大学教育的毕业生，英语水平尚且不是个个理想，何况是一个只在穷乡僻壤的小学接受不到

4 年教育的人？他不认识英文，可是，却因为好奇心的缘故，并不轻易放过英文。有一次，当他正在读报纸的时候，他看到了"International"的字样，他翻查字典，知道这是"国际"的意思，如果把"INTER"5个英文字母删除，那就是"国民的"意思。他十分喜欢"NATIONAL"这个字的音和义。这字看起来很有时代感，而且他也努力使他的产品成为国民的必需品，因此，他就定案拍板，把"National"作为他的品牌名称，其中译名称则是"乐声牌"，许多人对此品牌绝不会陌生。

日后，松下集团的家电产品也有其他的品牌名称，但那是基于市场策略而设。其经典品牌依然是"National"，至于其他牌子，则另有策略性的意义。例如，有些新产品，松下集团怕其质量影响"National"的声誉，所以便改用另一名字。

品牌名称建立以后，他就为他的品牌商誉奋斗。他视自己的品牌为无价之宝。曾经有企业家愿意出高价购买他的品牌，他本可以拿着这些钱优哉游哉地生活，但他断然拒绝——因为在他的心目中，品牌就是他的一切。

第 2 章

把企业经营成一个家

家庭氛围的企业能让员工更有归属感，工作起来也更加有激情。松下幸之助在经营企业时非常注重营造家庭氛围，为此采取了各种举措。他所有的努力都是为了让员工们感受到公司不仅是一个工作的地方，还是一个家，要有一种家的氛围，爱的氛围。

第一节　善待前来应聘的人

松下幸之助说："善待不被录用者，就等于善待顾客。"对每一位应征者都应该以感谢的心情来对待。将成为公司员工的，固然需要给人家一个好印象；对不被录用的人，也应善待，因为他们将来可能会成为公司的顾客。

善待求职者就是善待公司的事业

在人才交流会，有些用人单位临走时将一摞求职学生的自荐材料看也不看就丢弃在大厅里，有的材料还被扔在了地上。用人单位的高傲和冷漠引起了广大学生的极度不满。

选择工作单位是决定人生命运转折的大事，每一位求职者的材料都是精心设计制作而成的，凝结了个人的汗水和期盼。作为用人单位，怎能如此不负责任地面对求职者呢？与此相对应的，是许多用人单位苛刻无理的招聘条件，对求职者的年龄、性别、身高、外貌、户口，甚至有无住房都作出了严格界定。当因为身高、外貌，甚至婚否、血型等原因被拒之门外时，很多求职者感到的是莫名的压力和侮辱。有的单位在招聘女职员时，竟将未婚、不能交男朋友作为任职条件！除了招聘上的任意歧视，还有一些用人单位狂妄自大和傲慢无礼；有的刻意抬高自己，动辄大学本

科以上、35 岁以下，乃至非博士、硕士不要；有的精于炒作，张
口就提"我们不要北大、清华的"；有的面对求职者挑拣无度、
言语粗鲁，给人的感觉像是"买东西、挑牲口"；还有的在面试
时设计一些毫无道理、莫名其妙的问题。

求职者就是潜在的公司员工，善待他们就是善待公司的事业。如果
把一种傲慢乃至粗俗的企业文化展现给新员工，又怎能凝聚员工合力？
即使求职者不到本公司就业，招聘活动也是展示公司亲和、文明形象的
大好机会，切不可野蛮相待。公司的形象是靠企业文化和经营实绩树立
起来的，不是靠抬高用人标准和用人上的"牛气"吹出来的。相反，苛刻、
无礼的招聘不仅会损害企业形象，而且会吓走许多真正的人才。因为求
职者不只图高薪，还要看一个企业文明向上的用人环境。

现在，人才供需的失衡使得用人单位处于绝对的优势地位，招聘人
才更加容易。但是，也不可因此摆大架子。珍惜人才、善待求职者，才
是一个进取型企业应当具备的文化特征。

松下幸之助说："善待不被录用者，就等于善待顾客。"对每一位
应征者都应该以感谢的心情来对待。将成为公司员工的，固然需要给人
家一个好印象；对不被录用的人，也应善待，因为他们将来可能会成为
公司的顾客。

劳资矛盾是自有劳资关系以来就存在的。这种矛盾有时候浓得难以
化解，矛盾的缘由无疑是双方都有的。

比如就人员的雇用与解雇来说，就有矛盾。在企业，往往是求职者
少、不易招来员工的时候，采取一种低姿态，甚至有阿谀乞求之嫌，唯
恐招不到人；反过来，公司发展了，条件好了，应征者蜂拥而至的时候，
便摆出一副高高在上的姿态，爱理不理。

本来，随着劳动市场的变化，在拣选上灵活地适用不同的标准招聘是无可非议的。但是，随着这种变化，招聘者表现出不同的态度，尤其是高高在上的态度，就不应该了。松下幸之助是绝不允许这样的。

员工是企业的第一位客户

松下电器发展初期，所雇用的人大多是小学毕业，且没有什么招聘考试，觉得合用，通知一声就可以来报到上任了。以后，随着公司的不断发展，标准越来越严格，程序越来越科学，而应征的人也越来越多。此时，人事部门的人露出一些大公司的嘴脸，给人一种高高在上的感觉。针对这种现象，松下幸之助严厉地指出，无论对聘用者还是那些不被雇用的人，都应该善待。尤其是对那些条件不够，不符合录用标准的人，更不能显出"瞧你那副德性，还想来松下应聘"的神情来。松下幸之助要求自己的人事部门必须秉持这种观念来处理事情。

以感激的态度善待应征者并不是没有缘由的。最基本的一点是，既然来我们的公司应征，必然就对公司有些了解、信任，甚至关爱。而作为一个经营者，难道不应该对这些人给予感激吗？我们可以花上千万的广告费去让大众了解我们，而当有一批大众对我们的了解要更深的时候，为什么不心存感激呢？如果再有信任和关爱，经营者真应该感激涕零了。

具体来说，善待那些将录用之人是要让他们在未进入公司的时候就对公司有一个良好的印象，这一点的重要意义用不着多说。

善待那些不会被录用的人，好多人往往不能理解：既然大家一拍两散，又何必惺惺作态呢？松下幸之助不这样看。他认为，有意来松下电器就职，就表明他对公司有一份关心。而且，尽管不被录用，他以后仍可能一如既往地关心公司，成为公司独特的顾客。善待这些不被录用者，就等于善待顾客。由此来看，松下幸之助这种独特的思路和独到见解，是很有意思的。

面试官要去善待每个来应聘的人员，不管这个人多不适合公司，不管这个人的专业度多差劲，不管这个人的人品多有问题，我们作为用人单位、企业都应去尊重这个人、善待这个人。如果对方真的不适合，可以委婉、甚至直截了当地跟对方说，但绝不可以伤人自尊，每个人都是平等的，今天你在面试别人，你自己又何尝不在被人面试，你面试的是工作，人家面试的是人品。而且你的人品不是你个人的，是代表公司的。没有应聘者会因为面试官的不专业、不尊重人而去过多地怪罪这个人，回去之后他只会鄙视这家公司。

因此，面试时需要谨慎行之、谨慎言之，在不欺骗应聘者的情况下，维护公司最好的形象。想想对方在 38 度的高温天气大老远跑到你公司来面试，你跟对方没说上 3 句话，就断定这个人不符合公司应聘条件，便把人打发走了，是很不人道的。

公司的营销是无处不在的，不光是在市场上打广告、与客户谈判时在营销，就是简单的日常工作中也无处不呈现，面试过程就是最好的营销时间。根据"250 法则"，每个应聘者的后面都会有相关的 250 人，那这 250 人的后面呢？

记得有人说过一句话："员工是企业的第一位客户，你如何对待你的员工，就知道这家企业如何对待客户。"那应聘者是否就是你的潜在客户呢？如果不去尊重应聘者，那不就是意味着不尊重潜在的客户？如果潜在的客户都尚且不尊重，那么公司真正的客户、公司真正的员工又如何去善待呢？

第二节 欣赏员工的优点

经营者或经营干部绝不能自炫才能、智慧，要知道，个人的才能、智慧是有限度的。有些人喜欢赞扬下属的优点，有些人喜欢挑剔缺点，相比之下，往往前者的工作推行较顺利。唯有懂得欣赏别人的长处，才能领导更多的人。

懂得欣赏别人的长处

松下幸之助说："唯有懂得欣赏别人的长处，才能领导更多的人。"每个人都有优点和缺点。世界上没有十全十美的人，也不会有一无是处的人。

身为一个经营者，如果总觉得员工这也不行，那也不行，以"鸡蛋里挑骨头"的态度去观察下属，不但下属做不好事，久而久之，他也会发现周围没有一个可用的人了。

相反，经营者如果能以欣赏的眼光来观察下属的优点，那员工都将因受人尊重而振奋，对于上司交付的工作，也能愉快地完成。如此，不但能使下属表现出惊人的工作效率，经营者甚至还能挖掘出优秀的人才。

经营者或经营干部绝不能自炫才能、智慧，要知道，个人的才能、智慧是有限度的。有些人喜欢赞扬下属的优点，有些人喜欢挑剔缺点，相比之下，往往前者的工作推行较顺利。

唯有懂得欣赏别人的长处，才能领导更多的人。

当然，作为经营者也不应只注重下属的优点，而忽略了他的缺点。应该适度地指正缺点，以"三分缺点、七分优点"的角度去观察，才是一个懂得欣赏下属的上司。也就是说，应假定每个人都有 70% 的优点，30% 的缺点。如果反过来，假定下属有 70% 的缺点，而只有 30% 的优点的话，这个人显然不会是个好上司。

> 松下幸之助向来都是以"七分优点、三分缺点"的观念看人。所以，他经常比别人更能大胆地用人，从来不怀疑下属的能力，这就是松下幸之助比别人成功的地方。
>
> 不过，松下幸之助这种大胆用人的方式，偶尔也会失败。譬如说，当他对某人优、缺点的判断不够正确时，就无法适当地用人，而招致失败。这时，他一向对员工的缺点进行严格纠正。例如，不必要的浪费，即使是 5 张纸，松下幸之助也会立刻告诉他："节俭才是致富的捷径，浪费必然会导致失败。"
>
> 可是，如果是经过审慎的决策和努力的推动之后，因为某些不能控制因素而失败，就算是亏损了 1000 万元，松下幸之助也绝不会责备下属，反而会安慰他，鼓励他说："虽然这次失败了，但不要灰心，只要记住'失败是成功之母'的道理，就必能反败为胜，将功抵过。"

经营者不能拘泥于小节而忽略了大事，应该以关心和达观的态度，经常和下属研究工作方法。用人也是一样，对下属的缺点应清楚了解，但不可斤斤计较，对他们的优点应该想办法去激发出来，这才是真正积极的方法。

在企业当中，高超的领导者都善于发现员工的优点，乐于欣赏员工的优点，最大限度地调动团队中的积极性，并有效地加以组织和整合。领导者不仅本人要善于欣赏，还要学会将自己善于欣赏的眼光融入到整个团队之中。当团队成员彼此看到的是优点时，那么公司的团队就是优点的集合体；当人们彼此盯着缺点时，这个团队就变成缺点的集合体了。千里马常有，而伯乐不常有。这一语道出了善于欣赏的境界，同时也是领导者必须修炼的一门领导艺术。

欣赏是真诚的流露，是相互尊重的体现，也是友谊的润滑剂。它在把慰藉给予别人的同时，自己也受到了激励的恩惠。人与人沟通的时候，都有一种感知对方对自己看法的能力。在谈话的过程当中，欣赏别人或被别人欣赏时，感谢别人或被别人感谢时，一个人的心情总是愉快的，情绪总是高涨的。正如欣赏良辰美景可以愉悦你的心灵，欣赏精品佳作可以提升你的境界一样，欣赏别人的才能和美德也可以陶冶你的情操。

一个人的爱心是从学会欣赏开始的。一个人的上进心，就在于他能从别人身上发现自己身上所没有的优点和长处。当一个人受到领导和周围同事的欣赏时，他的自信心和积极性就会被大大地激发出来，并会进一步去展示和发挥自己的优点。

善于发挥别人的长处

领导的艺术就在于善于发现和调动部下的优点。所谓知人善任，最重要的是了解别人的优点，善于发挥别人的长处。当一个领导者身居高位时，身边难免有一批阿谀奉承之徒，歌功颂德的赞誉之词不绝于耳。

久而久之，他便飘飘然起来，以为自己真的那么英明、那么伟大，逐渐变得只会自我欣赏而不会欣赏别人了。

其实，那些赞美之词并非都是真实的，有的出于真心，有的属于假意，有的是因为偏爱于你，有的是因为畏惧于你，有的可能是因为有求于你。如果只是顺着掌声的方向走，总有一天会跌进陷阱。当一个领导者再也看不到周围人的优点时，就说明他的进取心已经丧失了。当他认为周围的人都不行时，正说明他自己已经不行了。

在过去，长期以政治运动为中心形成了一种识人哲学，就是"看人先看短"，动员人们去深挖细找别人的缺点，并且把这些"问题"用放大镜无限地放大，然后开展"斗私批修"，发动思想改造。"文化大革命"中把它推向极端，发动群众公开地、全面地、自下而上地揭露黑暗面，并且无情斗争，残酷打击，弄得人妖颠倒、是非混淆、黑白难分，给人们带来了巨大的精神伤害。

改革开放以来，我国转向以经济建设为中心的发展常态。搞建设就必须把过去那种"看人先看短"的逻辑颠倒过来，转为"看人先看长"。一个领导者应当把大部分精力用在研究和发掘别人的优点上，而不是花很大精力去研究别人的缺点。要把大部分时间用在同优秀人才、先进群众的交往上，以便随时吸取他们的经验和智慧，而不是把大部分时间用在改造个别"问题人物"身上。

有些人的头脑仍然在过去那种陈旧的思维轨道上运行。曾经接触过这样的领导者：他非常善于发现别人的缺点，对人家的缺点几乎是一清二楚、明明白白。同时，那位领导者总是习惯于用缺点去概括一个人，说到张三，他认为"执行力度不够，做什么事情都拖拖拉拉"；说到李四，他认为"总是把个人的利益放在首位，而公司的利益成了次要的"；

说到王五，他认为"粗口多，不会尊敬他人"等等。他常常抓住别人的缺点加以批评、攻击，以显示自己的高超。周围的同事和他的部下几乎没有一个人喜欢他，对他采取"惹不起，躲得起"的办法，希望离他越远越好。在这种氛围下，人们怎么可能愉快地工作、放手干事呢？

在当今社会，企业家如果能注重领导艺术，引领企业文化，开发员工潜力，提高员工工作效率，就能实现企业的总体目标。

第三节　不炒掉一个员工

员工是企业发展的源泉和动力，有了员工就有了一切。当企业面临危机时，松下幸之助却捍卫员工的"主权"。他的"一个员工也不解雇"的做法多少叫经营者质疑，却不能不叫人反思。

有员工就有了一切

在松下幸之助看来，松下电器的员工就是松下家庭的成员，掌心掌背都是肉。基于这种认识，松下幸之助极力反对不景气时将员工踢出厂门的不智之举。

松下电器在经过11年的长足发展之后，企业第一次陷入了困境。

1929年，资本主义世界爆发了全球性的经济危机。这场危机持续时间之久，范围之广，破坏力之大，都是前所未有的。日本作为一个岛国，资源匮乏，市场狭小，所受打击尤为沉重。生产下降，企业关门，工人失业，整个社会都笼罩在一片愁云惨雾之中。当然，松下电器也不能幸免，销售额急剧下降，资金周转不灵，企业举步维艰。

当时，一向身体虚弱的松下幸之助患了肺炎，正在住院治疗，厂子交给井植岁男管理。面对困境，井植岁男不敢自作主张，赶到医院来向姐夫求计。

松下幸之助说："先谈谈你的意见吧。"

井植岁男的意见归纳起来就是两条：产量压缩一半，人员裁减1/3。对于后一条，他补充说明：待企业情况好转，还会把被裁减的人请回来的。

松下幸之助当即表示，他同意前一条意见，却坚决反对后一条。他告诉井植岁男："员工一个也不能裁减，同时也不能减少薪水。"

井植岁男担心，生产压缩了，人员不减，薪水照发，这日子怎么过？

松下幸之助早已成竹在胸，指示井植岁男：减产后，实行半日工作制，要把工厂面临的困难如实告诉员工，求得他们的配合，让他们与销售部门一道，倾尽全力于产品的推销。只要产品能卖出去，就可以获得奖金，就可以免于倒闭。至于半日工资的损失是个小问题，重要的是让员工树立"以厂为家"的观念，这将比半日工资重要得多。

井植岁男心领神会，立即回厂，按照姐夫的指示召开全厂员工大会。当时，松下电器制作所的规模已非昔日可比，员工达到

300多人。当他们得知厂子在最困难的时刻也不裁减一人,工资不少一文时,莫不感动与鼓舞,纷纷表示要与企业共渡难关。

他们按照厂里的安排,半日生产,半日推销,不久就把仓库里堆积如山的产品销售一空,甚至出现了供不应求的局面。在大萧条的日子里,不能不说松下电器创造了一个奇迹。

松下幸之助的过人之处就在于他对人的关心。每当遇到社会经济不景气时,老板就会用裁员、减发工资等办法来转移风险和损失。但松下幸之助并不这样做,这无疑具有进步的意义。工人们的广泛支持也为松下电器的长远发展打下了一个良好的基础。员工是企业发展的源泉和动力,有了员工就有了一切。当企业面临危机时,松下却捍卫员工的"主权"。他的"一个员工也不解雇"的做法,多少叫经营者质疑,却不能不叫人反思。

松下电器被日本业界公认为终身雇佣制的鼻祖。松下幸之助曾经许诺绝不解雇任何一个松下人,哪怕在经济最低迷、大裁员风气盛行的时期也能做到不减员。松下电器的员工在退休年龄之前不用担心失业的问题。

终身雇佣制度

终身雇佣制度,是指企业从各类学校毕业的求职者中挑选员工,一经正式录用,便始终在这一企业供职直至退休。在不严重违反公司制度、没有重大责任事故和不主动提交辞呈的情况下,企业主一般会尽量避免解雇员工。终身雇佣制一经实施,便备受人们的推崇和模仿,逐渐成为战后日本企业的基本用人制度,为第二次世界大战后日本经济的重建和腾飞作出了巨大的贡献。终身雇佣制是对第二次世界大战后特定时期日本企业雇工惯例的归纳和概括，它是日本式经营的"三件神器"之一，对于稳定企业员工队伍、培养团队精神、增加员工之间的信任感以及信息交流等方面都起到了积极作用。

松下终身雇佣制度的形成，与当时的日本大环境是分不开的。第二次世界大战后，劳动力稀缺，赶不上企业生产所需的数量。劳动力不足、人才缺乏成为日本企业面临的重大问题。

企业实施此制度和"年功序列工资制"可以稳定员工队伍，减少员工跳槽的可能性。员工若是跳槽进入新的企业，那么工龄要重新计算，这样个人会受到损失。另外，日本传统的武士道精神和一人不事二主的思想，对人们的职业态度也有着重要影响。那时候，缺乏忠心的人，一般都不会被企业委以重任。

曾经风靡一时、被公认为经营神器和经营支柱的终身雇佣制度，随着社会的发展、时代的变迁及其经济形式的变化，所显示出来的弊端也越来越多，所以，对之口诛笔伐的人也越来越多。2001 年，此制度受到重大冲击，许多大牌企业，如富士康、NEC、索尼，包括松下自身，相继宣布裁员。据日本劳动省的一项调查表明，在接受调查的591家企业中，只有9.5%的企业表示坚持"终身雇佣制"，而38.3%的企业表示"终身雇佣制"已经不再需要。这种制度会导致人才流动受阻，对企业来讲，会带来巨大的劳动力成本；对受雇者来说，尤其是有才华、有能力的年轻人，这种制度会限制他们的自由和终身发展。而且，这种制度不适宜企业合并、资产重组及产业调整的状况，因为企业表面合并，职工在很长时间内其实还是貌合神离的。

这一事实告诉我们，任何组织制度其实都有它的适用性，没有万利而无一害的制度。企业经营者一定要量体裁衣，选择和创造出适合自己的组织制度，这样它才能为企业发展保驾护航，否则，照搬照抄来的不适宜的制度只会贻害无穷！

第四节 领导者不应该高高在上

松下幸之助说："社长并不是高高在上，而是站在职员背后推动他们前进的人。"松下幸之助还说过："社长必须兼任端茶的工作。"当然，松下幸之助的意思并不是真的要领导者亲自端茶，而是说作为一个称职的领导者，至少应该把这个想法视为理所当然。

领导者是在背后推动员工前进的人

松下幸之助说："领导者并不是高高在上，而是站在职员背后推动他们前进的人。"松下幸之助还说过："领导者必须兼任端茶的工作。"当然，松下幸之助的意思并不是真的要领导者亲自端茶，而是说作为一个称职的领导者，至少应该把这个想法视为理所当然。

这种观念在战前、战后有很大的差别。战前，一般人都承认领导者就是老板，而职员是部下，必须绝对按老板的命令做事，并给予绝对的尊重。可是，战后的社会形态逐渐趋向民主，领导者的地位逐渐降低，和职员们是站在同一条线上的，不再是可以任意支使别人的领导者，他所说的，员工也未必全盘接受了。

在这种风气的影响下，现在的企业经营者不再是使人望而生畏的权威者了。对于辛苦争取来帮忙的员工，过去的老板可以说："某某某，你去做件事。"可是现在却要改为："对不起，麻烦您做这件事好吗？"如果不用这种和善、恳求的口气，就很难达成用人的愿望，所以在形式上虽然仍维持着雇主与职员的关系，却不可能再有完全命令式的语气出现。

企业经营者对于这种结构性的转变要非常谨慎地去适应，调整自己的态度，改变唯我独尊的想法，才不会被时代淘汰。

部属比自己伟大

一旦领导者有了这种温和谦虚的心胸，那么看到尽责尽职的员工，自然会满怀感激地说："真是太辛苦你了，请来喝杯茶吧。"

当然，领导者也不一定要亲自为属下倒茶，但是，如果他能诚恳地把心意表达出来，自然能使倦怠的部属振奋，进而提高工作效率。即使是公司的职员人数众多，无法向每个人表示谢意，但只要心存感激，就算不说，行动上也会流露出来，传达到职员心里。

所以领导者在经营企业时，每天最好问自己："今天，我要替几个人端茶呢？"也许你没有亲自动手端过茶，员工却早已感受到你的诚意了。

松下幸之助曾说："下属比自己伟大。"企业的成长要靠员工自动自发的工作精神。同时，经营者要把员工看得比自己伟大，这样员工才会卖力为企业工作。

50 年前，松下公司还是小工厂时，要求新进人员一律在工厂内住宿接受训练。松下幸之助把这些人称为"实习工"。

实习工的上班时间与一般店员并无什么差别。下班时间就休息，最多整理一下资料就可以。然而有一次大约是晚上10点多，松下幸之助回办公室查阅资料，意外地发觉有几个人还在工作，问他们："还在忙什么？"

"还有一点事情没有做完，想把它完成。"

"这么晚了，别太累了，赶快睡觉，剩下的明天再做。"

这样的情形甚至不只一次，后来松下幸之助不得不板起脸来骂他们："工作到那么晚，是会弄垮身体的，以后不要这样。"但过了一段时间还是老样子，实习工仍偷偷工作，松下幸之助发现了就骂，他们停了一阵子之后又开始做。这样勤奋的工作精神不光是实习工有，一般店员也都有。

是什么使他们这样勤奋呢？也许你会以为是松下幸之助以身作则，领导有方。其实不然，松下幸之助那时候身体不好，有时生病卧床，一年要休息两三个月。

但松下幸之助觉得部属比自己伟大，觉得刚刚进来的实习工都比他有学问、有知识。有的员工的字写得比他好，有的比他会说话，身体又健康，都是了不起的人。这些人要当他的部属，为他工作，他怎能不感动呢？

这些感谢的心意他无法用语言表达出来。然而员工的心灵感应却是有的，他们积极拥护孱弱的松下幸之助，主动加班，勤奋工作，才使公司发展到今天的规模。

从这个观点出发，经营者把部属视为比自己伟大的人，能发掘每一个人的优点，用理解的态度来对待每一位员工，是事业成功的一个重要要素。

第五节　提供优厚的物质保障

员工有了安定的生活保障，才能发挥十二分的努力，勤勉工作。精神的力量是以物质的力量为后盾的，即使是清真教徒，也不能饿着肚子诵经。安定员工的生活，解除他们的后顾之忧，才是员工动力的永久源泉。

高工资，高效率

人力资源管理的要义就是充分开发员工潜能，实现企业与员工的共赢。在如何"激励员工"方面，更多的企业老总想到的首先是"物质激励"，即你能做出多大的业绩，企业就给予你相应的回报。反过来说，如果员工期望得到更高的回报，就应当努力做出更好的业绩来。从制度层面来讲，这种"高业绩、高奖励，个人付出与回报相匹配"的结果式管理正是我们一直在追求的管理效果。

员工有了安定的生活保障，才能发挥十二分的努力，勤勉工作。精神的力量是以物质的力量为后盾的，即使是清真教徒，也不能饿着肚子诵经。安定员工的生活，解除他们的后顾之忧，才是员工动力的永久源泉。

松下幸之助从福特公司那里了解到"高工资，高效率"原则，他便以此原则为基础，逐步改革工资制度，提高工资水平。其实，在这之前，松下电器员工的平均工资在同行业中一直处于领先水平，这也是它吸引人才、稳定员工的重要原因。

从 1965 年 11 月开始，松下电器着手建立自己的住宅制度。该制度规定，每一个职工达到 35 岁时，可拥有一套自己的住房。具体办法是：本人存款达到一定数额，公司就给他一倍的贷款，再加上存款利息，这笔钱可建一套住房 15 坪、空地 50 坪的住宅，所有权归本人。

松下电器公司的养老金制度规定：根据职工个人志愿，把退休金改为终生养老金。从 57 岁退休起，15 年内可领取基本养老金，以后便改为终生养老金。养老金加上保健金，可保证达到退休前工资的 60%。这样，职工退休后不再到其他地方工作也可安度晚年了。

这些制度的实施全面保障了松下员工的物质文化生活，它像强力胶一样，将全公司 20 多万颗心牢牢地黏合在一起。

《战国策·燕策》上讲了一个故事，说古代一位君王遍求千里良驹，让大臣们去想办法弄，但是三年也没有买到，其中一位大臣不惜出资 500 金，买了一副千里马的尸骨回来，不解其意的君王大怒，认为这个大臣不会办事，大臣说："死的千里马尚且用 500 金买回来，何况说马呢？我是为了让天下人知道大王您是真的想出高价买马。"故事的结局是大臣出千金买骨的诚意广为传播，最终让这位君主在短时间内得到了真的千里马。仔细回味这则故事，内容的精髓在花 500 金买千里马骨骸这个情节上。这个情节透露给我们两个信息：一是招揽人才不能凭空喊，必须舍得投入；二是求才不能是叶公好龙，必须体现出求贤若渴的真正诚意。

按照现代观念，我们可以将千金买骨的故事看作是进行了一场风险投资，只不过投资的对象是人才。首先，人才作为一种稀缺资源，投资不花本钱是行不通的，没有必要的物质利益作为基础，光叫人家发扬风格讲奉献难以持久。所以搞人才工作就必须舍得投入，就要有故事中肯花 500 金买马骨的魄力和气度，花大本钱为人才的引进提供优厚的物质条件，位子、房子、车子、票子一个都不能少。其次，"精诚所至、金石为开"，招商以诚，招才同样要展现最大的诚意，并且不能简单地将展现诚意与舍得砸钱画等号，不是狠心丢一沓钱就万事大吉的。我们分析故事中的那个君王，之前想要得到千里马，肯定也是做好了重金求购的准备，但为什么并没有如愿以偿地顺利买到，反而是在底下大臣重金买骨之后，千里马才纷至沓来呢？其中奥妙就在于后者的行为让卖马者看到了求购的诚意。风险投资，不光是要有拼血本的毅然决心，更要有投资投到点儿上的方法和技巧。要让对方感觉你是想真心实意地做买卖、做成买卖，而不是漫无目的地恣意豪赌。重金求贤，肯花重金是一个方面，更重要的是要让人才看到。舍得重金求贤的行为本身是的确有招才引智的需要，而不是弄回去装点门面的"花瓶"，不是让人才去做暴发户豪华书房里仅作摆设的精装书。

满足员工的利益

楚汉战争时期，项羽手下的重要谋士陈平投靠刘邦，并这样评价项羽："项羽表面上关爱他的士兵，看到手底下的士兵生病，就会流眼泪，但是对肯拼命的将士的奖励却是十分吝啬，手里拿着任命将士的'印鉴'，却连印鉴的角都磨光了，也迟迟不肯发放。"

打了胜仗却得不到应有的赏赐，于是消极的情绪就在项羽军中蔓延开来。看到他为士兵们流泪，都不觉得他是对士兵的爱护，

而是一种虚伪。慢慢地，他的寡恩薄义就被下属嫉恨，他的部下也变得离心离德。最终，一代人杰项羽自刎于乌江。

我们常说："重赏之下，必有勇夫。"这句话明白无误地告诉大家，实实在在的物质利益才能激发人做事情的积极性。作为企业的领导者，更应该明白，物质利益是领导者驾驭下属最有效的手段，千万不能吝啬对下属的物质激励。

"无利不起早"是平凡人普遍存在的心态。大家朝九晚五、辛辛苦苦地打拼，为的就是一个"利"字。在物质利益的刺激下，人人都会奋勇争先。反之，没有利益的策动、驱使，有谁会拼命地帮你去做事情呢？项羽的例子就清清楚楚地反映了这一观点。

作为企业的管理者，更应该看到物质利益的激励作用。最简单的，有了钱才能不让自己饿肚子；有了钱，才能去孝顺自己的双亲；有了钱，才能不让自己有后顾之忧。如果自己辛辛苦苦、流血流汗，却不能得到相应的物质利益，这样的组织肯定是松垮的、散乱的，这样的团队也是经不起风浪冲击的。而在满足了员工的利益之后，就可以解除员工的后顾之忧，就可以最大限度地开发员工身上的潜能。

第六节　不站在员工的对立面

老板和员工同在一条船上，有着共同的目标，也有着共同的利益，公司这条大船如果翻了，对谁都不利。在大船的行驶过程中会遇到狂风、暴雨，甚至有触礁的危险，这就要求老板和员工团结一致，同生死共患难，为公司战胜困难、渡过难关献出自己全身心的力量。

对立不如亲善

"对立不如亲善",这是松下幸之助作为"经营之神"的聪颖之处。松下幸之助从旧式的家庭企业中受到启发,工人像是老板的家人,老板则像是工人的父亲。经过改良,旧式的家庭企业模式也必定能适应新产业。

苏联十月革命的成功,使全世界产业工人无不欢欣鼓舞。日本的工人运动方兴未艾。工人提出的增加工资、参加普选、成立工会管理工厂等一系列要求,无不使资产阶级感到恐慌。

通常的法则是:愈是大型工厂,愈容易发生工潮,这是因为产业工人集中的缘故。像松下这类的小型工厂,工潮再怎么轰轰烈烈,里面都静若一潭死水。偏偏这时,松下幸之助萌发了忧虑意识:如果我的工厂规模一大,难免不发生工潮,我该怎么办?他进一步想:我的工厂受外界经济变化及自身经营状况的影响,工人情绪波动,我又该怎么办?

所有的员工若能团结得如一家人,松下电器才有希望。从这点出发,松下幸之助的理念逐渐明朗:"松下电器的员工都是松下大家庭的一员,谁不是松下大家庭的一员,谁就不是松下电器的员工。"

松下幸之助设想成立一个类似工会的组织,在这个组织里,老板和员工一视同仁。构想有了,松下幸之助却为起什么名字而大伤脑筋。一天,过去的朋友森田君来看望松下幸之助,他说:

"你何必想得那么难呢？全体员工步调一致，就叫'步一会'好了。这'步一会'，还有'一步一步脚踏实地朝前迈'的意思。"松下幸之助心窍顿开，道："真是太好了！"

"步一会"的成立，使员工有了归属感，这标志着松下的管理进入自觉阶段。

"步一会"一步一步地完善，松下电器也一步一步地发展壮大。松下电器有今天，"步一会"功不可没。

老板和员工同在一条船上，有着共同的目标，也有着共同的利益，公司这条大船如果翻了，对谁都不利。在大船的行驶过程中会遇到狂风、暴雨，甚至有触礁的危险，这就要求老板和员工团结一致，同生死共患难，为公司战胜困难、渡过难关献出自己全身心的力量。

我们很多人都把老板当成生死对头，认为老板是在利用我们为公司赚钱。自己付出了那么多，受益最大的却是老板，心中生出一股怨气，从此和老板站在对立面，表面上服从，内心却不服。现在不论我们与老板的关系是好是坏，我们一定要记住：老板和我们一定不是对立的。

每个老板都清楚，公司要更好地生存和发展，必须依靠所有的员工兢兢业业地工作。公司的生产和发展离不开每一位员工，没有员工的付出就不会有公司的存在。因此，老板不会跟我们过不去，跟我们过不去就是跟他自己的利益过不去，除非我们在老板眼里毫无价值。

要学会共赢

每个人都知道，贫穷并不是一件好事，贫穷就意味着有很多东西我们无法得到，但我们必须明白，贫穷的根本原因并不在于老板。并不是所有的老板都是唯利是图之人，这就好比在这个世界上并不是每个人都是坏人一样。现在的你如果对老板非常不满，请你在 3 天内每天留给自己 10 到 20 分钟时间做深刻的反省，3 天后也许你就找到了问题所在，你会认识到自己到底做得够不够。

我们可以看到很多年轻人一直就以随随便便的态度去对待工作，我们也能看到他们一门心思想着跳槽到下一个薪水更高、福利待遇更好的公司，在他们看来，所谓的工作就是出卖劳动力，他们根本不把老板放在眼里，视忠诚为粪土，并把忠诚看成是老板绞尽脑汁剥削下属的手段之一。他们不是为工作而工作，而是片面地认为工作只是为了解决生计问题。

当今社会是一个到处都充满竞争的社会，实现自我的真正价值、获取更多的个人利益，这是理所当然的事情。不过，令人遗憾的是，我们身边有很多人还没有认识到：个人的发展、自我价值的实现跟老板的利益并不矛盾，相反，它们可以相辅相成，老板和员工不是对立的。

每个老板为了自己的利益都只会留下那些业务能力最强的员工，也就是那些敬业、忠诚于老板的员工。这就要求，每个员工为了自己的利益都必须认识到自己和公司的利益是相同的，自己和老板不是敌人，而是朋友，要想获取个人的利益，就必须努力地为公司工作，为老板服务。馅饼并不是从天上自动掉下来的，你努力工作并取得了一定的成绩，老板才会器重你，接下来才会把更重要的工作很信任地交给你去做，工作经验的积累对你以后独立创业是有益无害的。

或许你的老板是一个没有气度的人，他对你的真诚不屑一顾，他一直怀疑你对他的忠心，猜测你别有用心，在这种情况下，你也不必对老板心怀忌恨，不要把公司老板看成是你的敌人，不服从他，和他对着干。这些都没有必要。老板怎样评价你，你不要太在意，你只要做好你的本职工作就可以了。公司老板并不是十全十美的人，他也有不足的地方。你要相信自己，并肯定自己。

只要你一如继往地做好你的本职工作，不去在意老板对你的偏见，你的工作能力肯定能够提高很多，你的工作经验也会相应地丰富起来，你还能成为一个有大气度的人。

老板和员工不是对立的，一旦对立就很危险了，无论你是老板或是员工，都要时刻保持清醒的头脑，认清你的现状。如果有问题，希望彼此冷静地想一想，然后勇敢地伸出手，彼此真诚地握一下，一切问题都能解决。

第七节　为公司营造家庭的氛围

和谐的人际关系能营造良好的环境，在这样的环境下，企业才能得到更好的发展，这是每个企业管理者的共识，也是企业管理者努力营造的一种氛围，这种氛围可以形象地被称为"大家庭"。

营造"大家庭"的氛围

在现代企业制度下，员工的好坏直接影响着企业的发展，员工的意识形态决定着企业的发展理念。我们的员工如果把企业当成自己的家，我们又把企业做成了家的感觉，营造家庭氛围，让员工以企业为家，我们的企业就会得到健康持续的发展。

和谐的人际关系能营造良好的环境，在这样的环境下，企业才能得到更好的发展，这是每个企业管理者的共识，也是企业管理者努力营造的一种氛围，这种氛围可以形象地被称为"大家庭"。

试想一下，家庭的环境是怎样的呢？首先是互相关爱，互相帮助；其次是彼此间有很深的感情；最后，大家都有一个共同的目标，那就是将这个家庭发展得更好。发展企业也是如此，只有目标一致，大家才会有相同的努力方向，而家庭环境的营造可以让员工更有归属感，从而在内心深处为企业的发展尽心尽力。

以惠普公司为例，惠普为什么能让每一位离开的员工说公司好呢？关键得益于惠普的人性化管理。许多国际著名企业之所以能取得高速发展，重要的因素之一就是因为其公司注意发挥员工的积极性，培养和确立员工"视企业为家"的信念，使员工真正把企业当作自己的家。

20世纪80年代，"日本式团队"企业管理模式引起了全球企业的关注，其特点是让职工把公司当作自己的"家"，并鼓励成员参与"家庭"事务，同时服从家长，必要时为"家庭"牺牲自己的利益。它让员工乐于效忠于这个"家"，心甘情愿地为企业效力。索尼公司董事长盛田昭夫曾说："一个公司最主要的使命，是培养它同雇员之间的关系，在公司创造一种家庭式情感，即管理人员和雇员同甘苦、共命运的情感。"

在日本，麦当劳除了每年6月底和年底发放奖金外，每年4月还加发一次奖金。这个月的奖金并不交给员工，而是发给员工的太太。如果是单身职工才直接发给本人，并鼓励员工早日找到自己的伴侣。总裁在银行里以员工们太太的名义开户头，再将奖金分别存入各个户头，先生们不能经手。在把奖金存入员工太太们户头的同时，还附上一封做工特别精致的信函："由于各位太太的协助，公司才会有这么好的员工，才会有这么好的业绩。虽然直接参与工作的是先生们，可是，正是因为你们这个贤内助的无私支持，先生们才能心情愉快地投入工作。"而员工则把这个奖金戏称为"太太奖金"。

除此之外，日本的麦当劳每年都在大饭店举行一次联欢会，所有已婚从业人员必须带着另一半出席，席间除了表彰优秀职工外，总裁还郑重其事地对太太们说："各位太太，你们的先生为公司作出了很大的贡献，我已经做了各方面的奖励，但有一件事我还要请各位太太帮忙，就是好好照顾先生的健康。我希望把你们的先生培养成为一流的人才，帮助他们实现人生的梦想，从而促进你们家庭的和睦，可是我无法更多地、更细致地兼顾他们的健康，因此我把照顾先生身体的责任交给你们。"

听了这番话，哪位太太不心存感激呢？而这种感激对一个家庭又意味着什么呢？显然，"家"的概念在薪酬支付的艺术中发挥了激励员工、凝聚人心的作用。

国际著名企业的内部管理制度大都非常严格，但管理者在严格执行管理制度的同时，又能最大限度地尊重员工、善待员工、关心体谅员工的生活。例如：记住员工的生日，关心他们的婚丧嫁娶，促进他们的成长和人格完善等。这种抚慰不仅针对员工本人，有时还惠及员工的家属，使家属也感受到企业这个大家庭的温暖。其实，企业和员工结成的不仅是利益共同体，还是情感共同体。正是通过这种管理方式，公司的员工都保持了对公司的高度忠诚。

"亲朋好友" 好办事

　　史蒂夫·鲍尔默是微软公司的首席执行官，他提倡"家庭式"的管理，要求所有的上级都必须关心员工，让员工感觉到微软是一个大家庭。他从不忽视自己的责任，在生活上很关心员工。他经常提醒员工不能因为工作而透支自己的健康。又亲自下令人力资源部门和各级主管制定切实可行的康乐保健措施，保护员工的健康。他几乎认识每一个微软的员工，能专注地倾听别人的意见，让每个人都觉得自己很重要，让微软形成一种亲密无间的家庭氛围。全体中层管理者在他的带动下，都非常关注下属员工的生活。例如，员工家里有事情，像交电费、水费、交通罚款等，没有时间的话，可以让公司代缴；员工有一些困难需要公司时，公司会马上帮助解决。

　　这种人性化的管理让微软公司在充满活力的同时，也加入了更多的情感因素。这种大家庭式的管理在很大程度上避免了员工"身在曹营心在汉"的情况，增加他们自身的责任感，让他们全身心地投入企业建设和发展当中。这种管理方式对企业和员工而言都做到了"情理合一"，创造了一种难得的和谐气氛。松下幸之助在管理他的公司时，当然也不会轻视这一点。

　　企业的管理者要想营造出大家庭环境，必须从自我做起，让员工看到真诚，只有这样，这种环境才能深入人心，让每个员工都将企业看作是自己的家，从而努力工作，将企业经营得更好。

松下幸之助说:"企业家必须右手掌握合理性,左手掌握人情味。"营造和谐的公司气氛是"松下精神"的重要内容。松下认为,没有良好的人际关系,就谈不上精诚团结。相互扯皮,扯不出企业效率。高悬在各工厂、各事业部、各关系公司的"松下七精神",涉及人际关系的就有3条,它们是:光明正大精神、团结友好精神和礼节谦让精神。可见松下对养成良好人际关系的高度重视。

松下幸之助说:"大家都推心置腹,坦诚相见,互相了解对方的长处和短处,怀着这样的心情与周围的人们相处,是合作共事、顺利前进的重要保证。"

远道而来的地方子公司经理,在汇报完工作后,常有一种忐忑不安的心理,担心自己的工作经不起"经营之神"的检验。事实上,松下幸之助并不是爱挑毛病的人,他总是先以赞赏的语气对经理们的工作加以肯定,然后再指出今后工作中应该注意的一些问题。这正是松下幸之助的谈话艺术。

最使地方经理感动的是松下幸之助请客。按道理说,这应该是公司业务,公司请客才是正当道理。而松下幸之助则不然,他喜欢自掏腰包,将经理们请至家中,家宴招待。在这种家庭氛围中,松下幸之助与经理们的关系就不再是一般的上下级关系,而是"亲朋好友"的关系,松下幸之助的用意之深令人叹服。

松下电器各部部长、子公司经理、工厂厂长乃至班长、组长都模仿松下幸之助"为人处事"的方式。一位部长说:"企业家必须右手掌握合理性,左手掌握人情味。"严父与慈母的形象连松下电器的部长也学会了,而且他们做得更具体、更实际。

严父的呵斥和慈母的关怀是孩子成长的必要条件,缺一不可。松下电器有 20 多万员工，这样一个庞大的家庭，松下幸之助管理得竟如此有条不紊。你只要看一看松下幸之助的两副脸孔——严父与慈母，就不难找到其成功的答案。

第 **3** 章

把销售经营成嫁女儿

　　对于企业生产和售出的产品，松下幸之助有一个贴切而生动的比喻：售货如同嫁女儿。女儿出嫁之后，父母就会随时关心她婚后的生活是否美满。他们担心：对方的家人是否都喜欢她？是否精神饱满地做事？这大概就是一般父母的心态。对买卖来说也是一样。每天经手的商品就像自己多年来费尽心血养育的女儿。顾客购置商品，就等于娶走了自己的女儿。因此商店与顾客之间就成了姻亲。

第一节　售货就像嫁女儿

只有热爱自己的产品，销售才会有热情。销售人员应该放宽眼界，热爱自己的产品，从手上的产品看到未来。

像嫁女儿一样销售给顾客商品

对于企业生产和售出的产品，松下幸之助有一个贴切而生动的比喻：售货如同嫁女儿。女孩到了结婚年龄时，有许多父母就得把女儿嫁出去。眼看着从小费尽心血养育的可爱女儿已经成年而且将开始自立，在他们的内心，必然有不愿女儿离开的寂寞感和有缘得到新姻亲的喜悦以及愿她永远幸福之类的感触。

女儿出嫁之后，父母就会随时关心她婚后的生活是否美满。他们会担心：对方的家人是否都喜欢她？他们是否精神饱满地做事？这是一般父母都会有的心态。

对买卖来说也是一样。每天经手的商品，就像自己多年来费尽心血养育的女儿。顾客购置商品，就等于娶走自己的女儿。因此商店与顾客之间就成了姻亲。

如果能这样想，那么自然就会关心顾客的需要，会重视商品是否合顾客的心意。如此必然会对出售的商品质量倍加关心，例如会想到"顾客使用后是否觉得满意""到底有没有发生故障"，甚至"我既然到了这附近，干脆就去看看他们吧"。

松下幸之助的"售货如同嫁女儿"的比喻有三层意思：

要像嫁女儿那样严肃、隆重地卖货给顾客；成交以后，与顾客的关系便是姻亲关系，要保持礼尚往来；要像看望出嫁女儿一样经常关心产品售后的使用情况，使其更受顾客的喜欢。这三层要义用现代商业社会的术语来表达，就是做好"售前售后"的服务工作——这对许多企业来说都能做到，但能做得像松下电器公司那样彻底、完全、令人满意的却不多。

"卖商品要像嫁女儿一样。"松下幸之助认为所有的商品都包含了松下电器员工的辛苦劳动，就像养育女儿一样，商品也要像女儿一样养得漂亮，顾客才会喜欢。卖出商品一定要像嫁女儿一样，这是件严肃的事情，要好好对待每一位顾客，要时常保持联系，要关心售后服务的情况，关心产品在使用时是否有问题。

松下电器里有条不成文的规定，那就是要经常走访买了松下电器产品的顾客，了解他们的使用情况，如果是出了问题，需要上门维修的话，甚至会要求他们说："真对不起，给您添麻烦了。我们一定尽快修好。"如果是电视机一类的，则先送一台备用品去，并说："您先用这台，以免耽误您欣赏节目。您的电视机我们很快就修好送来。"修好了以后，还要问："您还有什么需要帮忙的吗？如果有，我们顺便给您修好。"临走时则要说："这是我们的地址和电话，如果您有什么需要帮忙，请拨打电话。要是想买其他的东西，我们给您送来。"正是这样细致入微的售后服务奠定了松下电器的产品在消费者心中的地位。

松下电器公司经常要求员工对产品要缠到底："商品到了厨

房就缠到厨房，到了客厅就缠到客厅，到了外国就缠到外国，绝不放松。对于产品的使用情况如何，有没有缺点，有没有毛病，一定要关心到底。"就像是嫁出去的女儿一样，要时常关心是否有问题。有一次，派到美国去了解顾客意见的员工得到了一则重要的消息：美国顾客喜欢每盒放映时间 4 ~ 6 小时的录像带，就是这个消息给松下电器带来了一个完美的契机，决定采用 VHS 型号，这个决定使松下电器公司的录像机事业比索尼公司领先了 15 年。

松下幸之助一向视顾客为上帝，对顾客的要求从来都不能说"不"或者"不行"之类的否定词，很多顾客都喜欢讨价还价，松下电器执行的是不二价的规定，一般客户到了松下加盟店里看到明码标价的产品也能产生一种信赖的心理。如果有的顾客认为松下的产品比别的厂家要贵，松下也不会对他说"我们就是这个价格，只有这个价格我们才有利润"，而是对客户说"我们会去调查这个情况，如果确实如此，请给我们三个月的时间，我们尽量做到"。这种无形中让顾客产生信任的情况还有很多，也正是这种服务态度打造了松下金光闪闪的招牌。

热爱自己的商品

只有热爱自己的产品，销售才会有热情。销售人员应该放宽眼界，热爱自己的产品，从手上的产品看到未来。

有一位销售人员，他最初的工作就是在超市里销售空调，虽然只是一份基础的销售工作，可是这位销售人员却非常热爱自己的工作，每天都认真解说产品，积极销售产品，他的业绩是所有销售人员里最好的。后来，由于工作出色，他逐渐被提拔为组长、经理和企业高级主管，他的收入也从最初做销售员时的几百元上升了几十倍。

可见，只要热爱产品、热爱工作，就会有成功的机会。松下幸之助说："先对商品有兴趣，才会确切地了解商品的价值，想出动人的说服顾客的方法。"

每一个经营者都希望自己的生意兴隆，但实际上并不容易达成，造成这种现象的主要原因就是缺乏与这种愿望相匹配的方法及努力。因为缺乏正确的实施方法及努力，无论做什么都会成为空谈。所以，无论是什么事情，都必须全身心地投入才能实现。

比如看似简单的向顾客介绍产品这种小事，也必须尽心尽力。不仅要完全了解产品的性能及使用方法，还必须确信产品物有所值，这样才能想出说服顾客的方法。

当然，自己必须先对产品有兴趣，才能有信心把它介绍给顾客。有了兴趣才会乐于努力而不觉得吃力，说服的能力也才会提高。其实，不仅在商品的说明这件事上，做任何事都应如此。

松下幸之助说："如果想生意兴隆，就得先对经营这一行有兴趣。不能只为了赚钱或温饱而选择这种工作，应该全心全力地去从事，也只有这样，才能取得最终的成功。"

要说服客户购买你的产品，首先要让客户对你的产品产生信心，要做到这一点，就需要销售员首先对自己的产品充满信心，否则，怎么去说服客户呢？

销售员要对自己能够胜任推销这项工作有自信，并将这种自信深深地种植在内心深处，使它们牢不可破，时刻鞭策自己不断向前。

一些销售员在平时谈笑风生，但到了真正与客户面对面的时候，不是语无伦次就是坐立不安，这是什么原因呢？因为他们把销售看成是一种卑微的职业、求人的工作，他们并不是从心里热爱这份工作。这样怎么会取得成功呢？既然你选择了销售工作，就应该找到你的兴趣点，找到你最初选择这个行业的初衷，找回初心。并且，为你选择你的热爱付诸努力。都说"爱一行，干一行；干一行，爱一行"，一定要坚持下去。如果你热爱并坚守下去，情况就不同了。一项工作，你对它投入得越多，它回报给你的就会越多。

销售工作并不是一定要靠低声下气、卑微求人才能成功其中也没有逢迎谄媚以及贿赂和私下交易的事情，千万不要认为一名销售员需要向别人鞠躬作揖才能完成一笔生意，那些想法，完全偏离了销售行业的实质、内涵。销售是一种人生考验和生存方式。

身为一名销售员，应该以销售工作为荣，因为它是一份值得别人尊敬以及会使人有成就感的职业。如果有方法能使失业率降到最低，销售就是其中很重要的条件。

第二节　善用商品的说服力

松下幸之助说："让产品去说话是取悦顾客的最佳方法。"任何东西本身皆具有说服力，要善用物品的说服力，但不可用来贿赂。

用商品去说服顾客

松下幸之助说："让产品去说话是取悦顾客的最佳方法。"任何东西本身皆具有说服力，要善用物品的说服力，但不可用来贿赂。

9岁的时候，松下幸之助离开乡下到大阪，在一家火盆店里当学徒。当时他的工作之一，是帮师傅照顾小孩。由于松下幸之助那时也是爱玩的年龄，所以他常常加入附近小孩游戏的行列。松下幸之助最喜欢玩一种叫"打陀螺"的游戏。

有一天，松下幸之助背着小孩参加打陀螺游戏。由于玩的时候，至少得用一只手才能使小陀螺打转，所以只剩一只手支撑着背上的小孩，这种情况很危险。不过，因为常这样玩，也就成了习惯，一点点摇摆不定也不致发生问题。但是那一天扔小陀螺的时候，由于用力过猛，他的身体忽然向后倾斜，弄得他背上的小孩也向后仰翻。这时他只来得及捉住小孩的两只脚，而他的上身却向后面仰翻过去，头撞在地上。

小孩痛得大哭，松下幸之助比小孩更惊慌，但是任松下幸之助如何哄骗，小孩子仍哭闹不停，一点效果都没有，松下真的伤透脑筋了。他又不敢回店里，怕师傅知道缘由，自己会受到责骂。

那时松下幸之助真的进退两难，不知如何是好。后来，他跑到附近的糕饼店，买了一个小馒头给小孩吃，小孩这才不哭了，这时，他才放下心来。

用这种方法叫小孩不哭不足为奇，但这却给每一位经营者提了个醒儿：让产品去说话是取悦顾客的最佳方法。

销售出容易被别人接受的话题，是说服别人的基本方法。同时销售人员一定要对自己的产品保持绝对的信心，如果连本人都没信心，顾客就更不敢相信了。销售往往是表现与创造购买信心的能力，以信心十足的态度去克服成交障碍，"消费者告诉我们，任何类似价钱的制服也无法和它相比"。上帝（顾客）的话没有理由怀疑，顾客如果需要礼服的话可能就会放心购买了。

了解他人的需求

在销售中，首先要知道顾客最需要什么，就如在炎炎烈日下赶路的人，急需的是一片绿荫、一阵凉风、一把扇子、一眼清凉的泉水，而不是一件名贵的貂皮大衣；大海是富饶的，但在海上迷航的人，急需的却是普普通通的淡水……

不了解需求的爱默生

有一次，美国大思想家爱默生与独生子欲将牛牵回牛棚，两人一前一后费尽了所有力气，无论怎么拉，怎么拽，牛也不回去。家中女佣见状上前帮忙。她只拿了一些草，让牛悠闲地嚼食，并一路喂它，就很顺利地把牛引进了牛棚。

例子中，牛爱吃草，吃草是牛的最基本的需求，挖掘到这一需求并有效地满足它，就可以事半功倍。只有了解需求，投顾客所好，销售才能成功。

此外，在买主眼里，价格也是一个重要的变量，跟顾客的需求有直接的关系，顾客会结合产品的适用性、质量以及其他产品属性来决定他是否购买。因此在确定产品的战略时，首先要考虑价格这个关键问题。

沃尔玛企业创始人山姆·沃尔顿的"女裤理论"就是将低价策略用到极致的典范："亨利卖女裤，1条只卖2美元。我们一直从同一个地方购进同样的裤子，但1条卖2.5美元。我发现，如果按亨利的买价，裤子的销量会猛增。于是我学到了一个看似简单的道理：如果我用单价80美分买进东西，以1美元的价格出售，其销量竟然是以1.2美元出售的3倍！单从一件商品来看，我少赚了一半的钱，但我卖出了3倍的商品，总利润实际上大多了。"

控制成本使其低于竞争对手，才能一点点赢得竞争优势。当你为顾客节省 1 元钱时，就多赢得了顾客的一份信任。成功的营销不仅仅是满足顾客的需求，更要超越顾客的需要去创造需求，这是保证未来成功与成长的最好投资。

营销的说服是智慧的博弈，不管什么形式，只要能达到目的都是可取的。你看，聪明的瓜农把稻草人都搬出来帮忙了。

地中海某地一群农民种植了大片西瓜。为了提高西瓜的质量，他们在引种、管理方面投入了大量的人力、物力。因此，西瓜的成本加大，价格也就偏高，从而出现了销路不畅的问题。为了解决这项难题，经一广告公司策划，他们在靠近西瓜地的国道旁竖起了一个巨大的稻草人，旁边立一个广告牌，上书：稻草人认真向您汇报。这儿的瓜农太辛苦啦！他们白天干晚上干，为的是西瓜的收获。来这儿的农业专家也不少，他们对瓜农们取得的成绩纷纷点头，并竖起了大拇指。为什么会赞许呢？因为这儿的西瓜特别甜，并且不含有毒成分。唯一的缺点是，这儿的西瓜价格偏高。不过，您在品尝之后会忘记这项缺点。不信，您试试看！

结果，这群农民的西瓜卖得热火朝天。

这种销售中的拟人手法让你的商品自己对客户说话，有时比你自己的千言万语更有效。销售是一门需要想象力的艺术，它甚至可以做得很出格，但只要能被大众认可，那就算是成功。

第三节 合理的价格为商品增值

松下幸之助说："合理的价格是综合了服务、送货以及各种方便后的价值判断才决定的价格。"就像嫁女儿时，要和男方提出合理的聘礼要求，而不是一味地按照自己的意愿想要多少就要多少。

价格的合理性决定着市场的成败

有一次，一个经销商对松下幸之助说，除了他们之外，还有别的商店经销公司的产品。因此，如果其他商店降价销售，他们也不得不以一样的价钱卖，结果造成利润空间缩小。

松下幸之助觉得他说得有些道理，却忽略了一点，于是跟他说："我认为合理的价格是综合了服务、送货以及各种方便后的价值判断才决定的价格。如果完全按照别家卖的价钱出售，则没有办法做生意了。而且，贵店所付出的精神和服务也不应该是自费的，如果是我，别家以1万日元卖的东西，我会卖1.5万日元。如果顾客问：'你为什么卖得比别家贵？'我会回答：'虽然是卖一样的产品，我们却附送别的东西。'若对方再问：'到底附送什么东西？'那么不妨回答：'是附送我们所花的精神与周到的服务。'把贵店所付出的精神与服务换算后，计入价格内是再合理不过的了。而且加入技术服务费及信用费，也是在表示商店对商品绝对负责的精神。你觉得呢？"

这位经销商听了松下幸之助的话后说："我一向以为应该以低价来跟别家竞争，现在听了您的高见后，我完全明白了自己所付出的精神与服务也应该是有代价的。您是在提醒我，自己所经销的任何商品都应该自己决定适当的价格。有时为了考虑自己所付出的精神及信用保证，可以把价格定得比别人高。因此，应该秉持这种原则，强调自己以信用的态度从事经营。"

以后，这位经销商秉持着这种信念去从事经营，服务很受顾客欢迎，业绩也日益提升。

松下幸之助提到，有一次为了销售电器，同行间发生激烈的恶性竞争，原来价值 10 元的东西，甚至削减到 8 元出售，这样竞争的结果，使大家得都不到正当的利润，甚至出现亏损，卖得愈多，亏得愈多。于是，很多人认为这样的恶性竞争应该停止了，但有的厂商不肯停止，仍然坚持即使赔钱也要进行价格战的做法，但是厂商承受亏损的能力毕竟有限。

行业中各公司、企业的负责人聚在一起讨论如何恢复到原来的价格，最后大家一致决议：过去的不正当竞争已经持续太久了，应尽快恢复原来的价格，就从当天开始施行。松下幸之助回去也按照当时的商议结果去做了。但实际上和松下幸之助想的不一样，过了一个多月，松下幸之助去参加一个经销商会议，让他大吃一惊的是，经销商说他太过分了，虽然上次大家商量了提高电器的价格，但事实上只有松下一家当天就涨价。松下幸之助觉得很奇怪，明明就是因为过去价格太乱了，所以决定即日起恢复正常的价格，他也是按照规定这样做的。但是经销商却告诉他："其他制造厂却都维持原价，我的货品都向你购买的，你当天就涨价，实在是太可恶了。"

松下幸之助吓了一跳，他自己也搞不清楚是怎么回事，但不能一直这样蒙受损失，于是他对经销商说："对于你们的指责，我认为，以各位和我之间的交易关系来看，说我当天就涨价很过分，我接受。但是，我请各位想一想，那次会议是男子汉与男子汉之间的约定。我到现在才知道，原来其他的厂家都没有执行。如果各位要依赖那些不遵守约定的厂家，那我也没有办法，你们干脆就去向他们买好了。我认为这是男子汉正当的约定，为的是纠正错误的恶性竞争，所以我认真地去遵守，如果各位认为这样不好，那我愿意向大家道歉，如果各位因此以后不再与我交易，那我也没有办法了。"

当松下幸之助将这些心里话说出来之后，原本有着满腹牢骚的人都不再说话了。这时，刚才责骂松下幸之助的人开口了，说："松下先生，你没有错，你是了不起的，我们以后还是向你购买商品。"这些经销商仍然向松下采购电器，即使松下电器没有参与价格战，销量也并没有下降，反而提升了信用。因为大家都认为，松下幸之助的作风是一旦约定就一定会去认真遵守，这样的厂家值得信赖。

这样一来，松下幸之助的信用度提高了，大家都更愿意与他合作，反而赢得了更多的生意。价格一定依附于产品的价值，而品质则是产品价值的直接体现，高品质的产品辅以合理的价格才能赢得客户，占领市场。

作为企业市场战略的一部分，定价是一个非常复杂且敏感的问题。定价可以是有效的工具，又可以成为锋利的武器。在宽泛的数据统计中，终端价格每波动 1%，相应的盈利率大约会变动 5% ～ 10%。尤其是在经济低迷的形势下，调价更容易被当作挽救市场份额的法宝来使用。但是从财务上讲，短期调价并不是一个好的决策。削价很容易被效仿，而且只能带来短期的市场效益，是一种非常短视并且伤害企业长期盈利的做法。因而建立完善的定价体系和实施科学的定价战略是企业实现长期盈利和增长市场份额的重要战略。

在一个对价格敏感度非常高的市场中，一旦定价失误，再好的产品也逃脱不了失败的命运。我们有时会发现一个产品的品质、包装、渠道、广告都非常不错，但就是做不起来，原因何在？就因为价格不当。可见对新产品的定价尤其值得重视，定价术的优劣有时可以决定一种商品的前途，甚至一个企业的命运。

用包装给产品增值

爱美是人之天性。女儿出嫁时，父母总是为她梳妆打扮一番，自古皆然。在平时，也许你常常能见到蓬头垢面的少男少女，可你永远不可能碰上这样的新郎新娘。

漂亮的姑娘人见人爱，商品也是如此。造型优美、格调高雅、感觉舒畅的东西也会刺激消费者的购买欲望。松下电器公司的产品很注重外表的设计及包装的技巧。松下幸之助先生说过："要使广告增强人的食欲。"讲的就是要使产品的包装使人产生美感。

一次，松下幸之助路过一个经销商的店铺。见待售的松下电器满是灰尘，松下幸之助就走了进去。女主人不认识他，以为是顾客,就非常热情地向他介绍产品。松下幸之助说:"您大概很忙,这样吧,我帮您把这些商品擦亮,看哪个更好,我要挑最好的。"说完,就动手擦洗起来。女主人愣了一会儿,觉得这应该是自己的事情,也动起手来。经过清洁整理后的商店和里面的电器就像理过发的蓬头少年,精神多了。女主人正要感谢松下幸之助先生。松下幸之助说:"我是松下幸之助,不是来买电器的。我路过这里,进来看看。松下电器能有今天这样的成就,多亏你们的关照和支持。"女主人听完松下幸之助发自内心的感激之言,面带愧色地说:"我的工作没做好,真不好意思,松下先生,请多指教。"

从此以后,女主人开门营业之前的第一件事就是打扫卫生,使商店整洁,以求给人舒适之感。商店的生意也渐渐兴隆起来。

"卖东西就像嫁女儿,女儿漂亮,小伙子就会喜欢。"如果优质的产品不能有漂亮的包装,就会在顾客心目中大打折扣,这和小伙子不大喜欢和丑姑娘在一起是一个道理。

俗语说:"佛要金装,人要衣装。"同样,商品也需要包装。商品再好,也可能因其包装不适合而卖不出好价钱。据统计,产品竞争力的30%来自包装。随着人们生活水平的提高,精神享受的要求也越来越高,在商品竞争中,包装对商品销售的影响越来越明显。包装是商品的"无声推销员",除了保护商品之外,还必须致力于美化、宣传、诱发消费者的购买欲望,增强商品在市场上的销售竞争力。所以,包装里面大有学问,包装如何会直接影响顾客的消费心理导向,从而产生购买或拒绝购买的欲望。商家若能在商品包装上做些文章,使商品的包装设计迎合消费者的购买心理,将大大有利于商品的销售。

以前小王总觉得人的外表不是十分重要，只要关注内心的丰富与充实就好了。但是一次偶然或者说也是必然的事件让小王改变了这个想法，开始特别注意自己的外在形象了。

那是在小王上大学的时候，学院要举行一次班干培训大会，要在学生中选一个主持人。由于小王大学一直是做主持人的，所以，学生会就顺理成章地让他到团委老师那儿报到了。小王当天穿了一双白色的旅游鞋，蓝色的牛仔裤，红色的上衣，基本上全是穿好几天的了，都有些脏了。小王就这样去了。其实，平时的小王并没有这么邋遢，形象也还算可以，那天因为是"事发突然"，就匆匆忙忙地过去了。

一进办公室，小王就礼貌地和老师打了招呼，老师也出于礼貌，很热情地回了他一句。然后小王说自己是培训大会的主持人，接着，老师就用非常异样的眼光和怀疑的口气问："你？是吗？"小王回答："是的。"老师有些无可奈何地说，"哦，你过来吧，和你讲讲明天培训大会的具体要求……"。最后要走的时候，老师用非常不信任的语气告诉小王："回去好好儿准备啊，不要辜负学校对你们的期望！"当时小王脑子一懵，心想：她怎么能这样，以貌取人？其实当时无论换作谁，都不会对那个时候的小王抱有太大的希望。

当然，对经常主持各种大型晚会、比赛的小王来说，一个小小的培训大会根本不算什么大事，也没什么难度。就这样，当晚回去后，小王很认真地准备了一下，然后就睡了。

第二天早上，小王按照要求，洗漱完，穿上西装，就去老师那报到了。谁知他一进门，办公室里的几位老师就异口同声地说：

"哇，小伙原来这么帅！"

小王凭着会前的充分准备和在这方面的一些天赋，当天的培训大会主持得很成功，受到了老师的一致表扬。当天参加讲座的还有院长，所以，小王也很机缘巧合地得到了院长的肯定。

其实，小王表现得好与坏并不是故事的重点，重点是那句古话："人靠衣装，佛靠金装。"在第一天和第二天里，从小王在着装上的差别和老师对他的态度上，不难说明，人内心的美丽很重要，但是，有一个良好的外在形象，为你在展示你内心的美丽时铺上了一块举足轻重的垫脚石。

第四节　陈列的商品不可随意摆放

无论生意做得大小，对于所经销的商品，都应该像金钱一样慎重处理。

——松下幸之助

细心出价值

人的心理很奇怪：对于 1000 日元大钞，往往视为除了生命之外最可贵的东西，因此会小心地放在皮包、衣橱或保险箱内，绝不可能随便乱放。但对于商品，则往往不会那么慎重，同样是价值 1000 日元的东西，却不会跟 1000 日元大钞一样重视，而是随意摆放，甚至就随便地摆在店内的一个角落里，蒙了灰尘也不去清扫。

这是值得我们每个经营者反省的事情。依据松下幸之助的观察，越有这种倾向的商店，它的业务能力就越差；反之，如果认为商品和金钱一样有价值，并且意识到商品将能为你带来钱财，而细心地陈列管理，并随时保持清洁的商店布置，那么生意肯定错不了。

有一家总经销商的老板，为了使零售店的生意兴隆，每天利用晚上的时间拜访两三家有往来的商店。据说，他往往先强调店内整洁的重要性，然后，就如同对待自己的商店一样，热心地帮忙整理，陈列商品。

半年之后，也许被他的诚意感动，连零售店的老板娘也觉得这种事应该自己早就做好，于是，渐渐地，店内的摆设也整洁起来，随之生意也就兴隆起来了。结果，这位经销商自然也就获得了不少的利益。

正如松下幸之助所说，无论生意做得大小，对于所经销的商品，都应该像金钱一样慎重处理。

进行商品陈列的根本目的是为了吸引顾客的眼光，引起他的兴趣和购买的欲望。将商品摆放得漂亮只是商品陈列的一个方面，商品陈列必须做到五个"利于"：第一，利于商品的展示，要使顾客一进门，就知道店里有哪些商品，有没有自己需要的商品。第二，利于商品的销售。使顾客在最短的时间里，以最直接的方式找到自己所需要的商品。第三，利于刺激顾客的购买欲望。将重点商品、新进商品、稀罕商品、流行商品摆在顾客一进门就可以看到的区域内，可以达到良好的刺激购买的作用。第四，利于提供商品最新信息。有经验的经营者都会将最新商品摆在最前面、最上面，目的就是为了将最新信息告知顾客，以一种无声的方式对顾客进行引导。第五，利于提升商家和商铺形象。一个良好的、陈列有序的、易于购买的商品环境，使顾客看着高兴，拿着方便，容易引起顾客的好感，提升商家和商铺的形象。

商品陈列的方式：

一、商品陈列的一般方式。商品分类、配置与陈列一定要站在顾客的立场，以吸引和方便顾客观看及购买为目的。为此，应将每项商品包括其包装的正面朝向前面，朝向顾客，以吸引顾客的注意力，方便其了解商品的性能；商品陈列要考虑商铺的整体性，尽量做到美观，商品摆放有规律，色彩、形状搭配协调，使人看着舒服，必要时可运用一些辅助工具，如特别制作的货架、射灯、一些小摆饰等，目的是为了使顾客将注意力集中于商品，但在运用这些商品以外的物件配合商品陈列时，不可喧宾夺主。

二、创造友善的购物空间。商品陈列的目的主要是为了吸引顾客购买，而不是为了顾客看着高兴。商品陈列应注重其实用性，美观只是一个方面，不可本末倒置。有条件的经营者可以对经营场所的功能进行分区，如商品的陈列展示区、购买区、付款柜台等，陈列展示区可以宽敞，以顾客站着、坐着、看着舒服为第一要义。顾客可以在这里欣赏商品、了解商品，并确定购买意向，购买区则可以紧凑一点。付款柜台的设置一定要考虑方便顾客，有些经营者很不重视付款柜台的设置，随便找个犄角旮旯将付款柜台一摆，顾客想付款，找来找去要找半天，或者跑很远的路程，非常影响顾客的购买兴趣，有些顾客甚至会因此放弃购买的决定。对商品陈列展示区、购买区、付款区三者的合理配置很重要，不能在空间上将商品的看、选、买混合起来。如果对三者不加区分，将会严重影响商品的销售，进而影响经营者的业绩和收入。

有针对性地改善布局

有些小商店不能设立固定的付款柜台，但对商品的陈列展示区和购买区的功能区分亦应十分注意。如胡先生的毛衣专卖店仅有 40 多平方米，尽管空间十分局促，但我们仍然建议胡先生对商品的功能进行分区，可以留出进门 10 ～ 15 平方米作为商品的陈列展示区，包括顾客可以在这里试衣，而后面的 25 ～ 30 平方米作为购买区。货物实在太多的话，还可以在商铺的最里端打造书橱式的商品陈列柜，以折叠的方式将毛衣分隔摆放，中间和两边毛衣则应尽量用衣架挂起来。陈列展示区的商品摆放应尽量疏朗美观，以摆放新品或畅销商品为主，大部分商品则应放置于购买区。这个地方的商品摆放可以紧凑密实一点。

经营者没有必要将所有的商品都陈列出来，店再小的话，只需要摆一两件样品就足够了。商品陈列所要考虑的不仅仅是商品本身，应对整个营业场所进行综合考虑，好的空间切割和功能配置是成功经营的重要组成部分。虽然困难，但在商铺空间利用上有一个观念一定要改变：因为花了很高的价钱租来商铺，所以希望将每一寸都摆上商品，以为这样才算对得起高昂的租金。正确的观念应该是：所有的商铺空间都应为经营赚钱服务，只要是有利于提高营业额和利润的空间布置，就是有价值的布置，值得你花钱，不要在乎是否每一寸空间上都放上了商品，那是很陈旧的理念和经营方式。

在商铺空间安排上，要考虑顾客的视线。一般来说，位于商铺中间的商品陈列柜台应该做得低一点，最好不要超过大多数顾客的视线高度，两边的则可以高一点。这样在心理上容易给顾客造成这个商店很宽敞的感觉。

在商铺的空间安排上，还要考虑顾客的移动路线。要尽量给顾客留出较为宽敞的进出通道，当一个顾客在观看商品时，不应妨碍其他顾客的通行或观看。店主应多留意顾客进出商铺时的走向，对顾客"顺脚到"的地方可考虑设为主陈列区，主要陈列一些畅销商品、新进商品或高利润商品，而对一般顾客甚少到达的"死角"，应进行特别布置，使本来不引人注意的角落变得引人瞩目，从而促进商品的销售。

第五节　通过经销商增加商品的价值

松下幸之助说："能使商品价值得以发挥的，不是设计新产品的制造厂商，而是促销经验丰富的经销商。"

利用促销为商品增值

所谓增添商品价值，就是促销，而最擅长促销的是经销商。

经销商每天都在努力从事贩卖工作，在这方面他们有丰富的经验。他们是商品促销人才。导致无法畅销的最大原因，是没有运用经销商的专才。

只有积极向这些经销商讨教，多听取他们的意见，制造商的贩卖业务才能更顺利，事业才可能更繁荣。开发一种新产品时，到底是否容易推销，常常在公司内引起强烈的争辩。这种辩论未尝不可。可是实际上，是否容易销售的问题，最清楚的莫过于经销店的老板。"我们这次的新产品，不知销路会如何？"经销店的老板接过手一摸，一定会及时告诉你"这好卖"或"这恐怕有困难"。能干的老板，对产品的畅销度，确实有料事如神的直觉。公司的技术人员当然不会知道，以自己的技术制造出来的产品销路到底是好，还是坏。就是营业部门的人，也没有经销商那么清楚。

像这种问题，不去问经销商，只是自己在讨论到底销路好或坏，讨论半天，也是无济于事的。当然不是说每种东西都要一一去问，而是当你有怀疑时，不妨跑到熟识的商店请教他："你看销路如何，价钱定多少比较合理、客观？"他一定会告诉你："这个价钱是比较合适的。"在后方勤务而不了解前线情形的人，来这样、那样地谈论，当然是没有必要的。大公司往往就不会去问小商店的老板，而自作聪明——经过会议讨论决定的价格往往会受到经销商的埋怨与抗议："这样高价的东西卖不出"或"这种东西怎么可以卖"。

能使商品价值得以发挥的，不是设计新产品的制造厂商，而是促销经验丰富的经销商。

在厂家"决胜终端"的围逼下，越来越多的经销商摆脱"等、靠、要"的传统经营模式，在自身实力的基础上主动进行促销活动，以提升销量，增强对下线通路的控制力。

然而对促销策略、操作要领、运作难点的把握，往往是困扰经销商的关键所在。因此，在这一专题中，我们特约有实战经验的作者，提供有针对性的思路和方法，帮助经销商提升运作水平。

经销商是厂家在某一销售区域中市场推广活动的"代理人"，特别是对于一些厂家的销售队伍无法服务的区域，对通路成员（批发商、零售店）或消费者所做的促销活动实际上都是由经销商负责组织实施的。即使像康师傅这样进行"通路精耕"较早的公司，其通过经销商销售的业绩占比也在 60% 以上。可以说，经销商促销活动的效果决定了厂家产品在区域市场推广活动中的成败。

随着康师傅、宝洁、可口可乐等"通路精耕"和"全面直营"模式的推广，厂家和经销商对批发市场、零售终端的争夺已经到了白热化的阶段，致使现在的经销商面对痛苦的选择：要么成为厂家的仓库和"送货员"，把通路控制权让给厂家；要么同零售终端建立更为紧密的业务关系，向分销渠道提供更多更好的服务，最终控制销售网络资源。而经销商整合手中的各种资源，主动向通路提供市场开拓和促销支持是实现"掌控通路"的最有效手段。

合理、适时地进行促销

经销商在取得厂家少量支持，甚至完全靠自己独立开展促销活动时，追求销量是一方面原因，但如果促销的投入产出比太低，使之无利可图，显然也违背商家促销的初衷。于是，"少投入多产出"的操作意识，使许多经销商在做终端促销时都呈现出明显的特点，即促销规模较小、促销投入成本低、形式单一、次数频繁。

常规促销是经销商通常采用的一种促销模式，内容万变不离其宗，一般就是优惠销售、免费试用装、买赠。当然活动形式和花样可以不断变换，重要的是要做出新意。

非常规促销模式（又称主题促销）也是经销商经常参与的一种促销活动。此类促销活动一般都先由厂家确定活动方案、主题、规模、形式，然后由经销商负责执行或自行实施。非常规促销活动的次数不多，操作规模较大，在消费者心中的印象也较深，对市场的长期销量走向有深刻的影响，因此，一旦厂家拿出一套较具可行性的操作方案，许多经销商都愿意跟随一搏。

相对来说，经销商单独做促销不是很多，效果也不如厂家，其中虽有方法不多、经验不够的问题，但关键还是经销商没有摆正做促销的心态。

一是认为做促销劳民伤财。劳民倒不怕，就怕伤财，万一没效果怎么办？二是过于追求立竿见影、短平快的效果。当天促销当天收益，至少收支平衡，亏本的生意我不做。三是活动形式直白，缺乏包装图省事，最好是买一送一，提五件送一件，直截了当没有附加值。四是对厂家做促销持观望态度，厂家的事厂家办，我袖手旁观；我做促销你厂家也别指手画脚。五是一心想占厂家便宜，促销花 1000 元，想让厂家报销 3000 元。

但经销商在促销中也不是无所作为。经销商的优势是更熟悉当地情况，更清楚哪种促销形式适合当地市场，也比厂家更容易取得电视、报纸的广告优惠。如果厂家、商家能把各自的优势发挥出来，齐心协力联手促销，一定会取得实效。

第六节　商品渗透了经营者的灵魂

唯有投入至诚的产品，才会获得顾客的肯定。若能够获得此种信用，工作的辛劳就肯定会有回报。

用至诚去赢得回报

有一次松下幸之助发现本公司员工不太珍惜自己苦心研制的产品，他非常生气地说了一句很有哲理的话："我们自己做成的东西在世界上被如何看待，首先取决于我们自己的强烈关心程度。"

以前松下幸之助直接从事生产时，拿了一件新产品给一家经销商看。

"松下先生，这一定花了一番苦心吧？"经销商说。

听了这句话，松下幸之助当时高兴得几乎要免费送给他。

这不是想要高价出售以赚一笔的欲望意识，而是数月来的辛劳获得肯定的一种纯粹感激。这种感激唯有那些把自己的灵魂和至诚投入产品的人，才能感受得到。而当公司的员工都能感受到这份喜悦时，松下幸之助电器公司才能以生产报国，获得社会的认可。根据这种精神，松下公司的产品凡未能通过"产品检验所"的，都不能送到市场上去。

松下幸之助说："唯有渗透经营者灵魂的商品，才是最有价值最永恒的产品。"每一位商人都希望自己的生意兴隆，但实际上却不容易做到。这到底是什么原因呢？

原因很多，而缺乏与这种愿望相匹配的办法及努力，可能就是主要原因之一。如果缺乏正确的实施方法及努力，理想就会成为空谈。所以不论是多小的愿望，都必须用勇气及决心不断地努力才能实现。例如向顾客说明商品时，必须注意自己是否完全了解说明的方法和商品的内容。自己必须先确信商品是值得顾客购买的，才能想出说服顾客的方法。

如果想使生意兴隆，就得先对做买卖这一行有兴趣。不可只为了赚钱或生活而选择这种工作，应该以诚心诚意去从事它，这也是促进生意兴隆的基本要求。一般人认为"适才适所"是生意成功的先决条件，这就是指由喜欢买卖的人来做生意。如果是这样的话，每一位商人都不难达到他的愿望。

诚信不是信口开河

对很多销售员来说，诚信销售只是挂在墙上的一个口号，实际工作中他们更相信"忽悠"的力量。不管怎样，先把客户说得头昏脑涨，让客户掏了钱再说，至于购买时的承诺、商品是否适合客户就完全不在他们的考虑范围之内。商家有句话叫作：只有一次生意往来的客户不是真正的客户，真正的客户是时常有生意往来的客户，一家店铺销售额的70%以上是来自老客户或者是老客户的介绍。因此，当你"忽悠"一个个客户购买自己的商品时，其实也是在不断地将客户推出门。

如果产品或服务是有缺陷的，销售员应该让客户意识到这一点。当然，不同的客户选择产品或服务的标准不同。在销售员有点为难时，就算是通过旁敲侧击或其他手法，也应当把实际情况告知客户。这样作为产品或服务的代言人或传播者，销售员是负责任的，对客户来讲是可信的。而通过忽悠得到的，绝不是客户的忠诚或认同，也不会是客户的喜悦与满意，客户回过神来会憎恨你。这样对销售员也好，对公司的产品或服务也好，必然会因此而遭受打击。

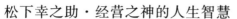

美国营销专家 L·赫克金有一句名言："要当一名好的推销员，首先要做一个好人。"他所说的"做一个好人"是指做一个诚信的人。诚实守信是营销成功之本，也是赢得客户最有效、最永久的方法。

诚信是一种做人的品德，"德者，才之主也"，如果做生意不讲诚信，等于有才无德，这样的销售员技巧再高明，也难成大器。诚信要求销售员能够自圆其说，但不能有明显的欺瞒和不切实际的承诺。否则一旦消费者发现与事实不符，很可能会造成退货或其他不好的影响。

一些销售员可能会想，不忽悠怎么卖货，何况回来找的只是个别客户，因此没什么大不了的。这种想法大错特错，表面上看，客户埋了单，销售员和商家没吃亏。但真的是这样吗？销售员蒙骗客户，无异于搬起石头砸自己的脚，因为客户在你这里吃亏上当就这一次。在商业竞争几近白热化的今天，你忽悠了客户，在客户心目中就等于给自己的招牌抹了黑。所谓"东方不亮西方亮"，你这里忽悠了客户，也等于自己把客户向竞争对手那边推了一把。商业竞争犹如一架天平，竞争对手那边的客户多了，竞争的砝码就重了，忽悠客户的销售员日子还能好过吗？

销售员在销售活动中应以严谨务实的态度和认真负责的精神对待客户。真诚地介绍产品、服务客户，不允许对产品的性能做夸大、失实或引人误解的虚假宣传。要知道，销售员进行销售活动的根本，在于通过销售活动建立起个人的诚信体系，培育与客户之间良好的互信关系，以此获得持久稳定的经济效益。因此，销售成交固然重要，达成成交的方式也非常重要。只有用心经营，诚信销售，才能避免"一锤子买卖"，才能建立起忠实的客户群体。这就要求销售员做到以下两点：

第一，诚信体现在不推荐不适合客户的商品。在生活中，购物碰到的太多情况是：你看你穿的效果多好，给我们打打样；或者这套厨具就剩这一套了，您得把握时机啊……这些话会把客户忽悠得云里雾里，而实际上可能根本不适合客户，或者根本就没有那么好的效果。

第二，诚信还体现在要信守承诺。销售员常常需要通过向客户承诺打消客户的疑虑。客户也常常要求销售员承担质量风险，保证在购买时间、数量、价格、安装时间、服务以及提供优惠等方面的承诺。作为销售员，在作出承诺前，必须维护公司的效益和公司的信誉，在不敢肯定能否兑现承诺之前，不要作出过多的承诺。一旦许下誓言，就必须兑现。

请记住，销售产品更是在销售你的人品，优秀的产品只有在具备优秀人品的销售员手中，才能赢得长远的市场。如果只是为了赢得交易的成功而胡乱许诺，最后又不能兑现，结果肯定会失去客户的信赖，不仅会导致个人的损失，甚至会导致公司的信誉破产。

销售，归根到底是赢得和留住客户。任何拔苗助长、急功近利的做法都只会使客户远离。希望广大营销人员能够一如既往地努力学习产品知识，切实提高服务技能，诚信销售，凭借优质的产品和专业的服务赢得忠实、稳固的客户群体，从而为个人事业的长远发展打下更坚实的基础。

第 4 章

把服务经营成艺术

服务的艺术是在研究顾客心理学、服务心理学的基础上，对服务工作提出的高标准、严要求。服务既然讲艺术，就不能只是一问一答、一拿一递的简单动作，而要求服务人员要具备较高的素质，在着装表情、语言动作等方面要讲究艺术。在松下幸之助的指导下，公司员工都将服务艺术发挥得淋漓尽致。

第一节　用真诚打动顾客

松下幸之助说："最能打动顾客的，不是商品，而是认真与诚恳。"

松下幸之助说："每天能精神饱满、全心全意地工作是非常幸福的事。"玩赏嗜好、享受闲暇当然重要，但每天如果能愉快地工作，会比什么都可贵，而且会有许多人跟着得到好处，从而受到这些人的欢迎与感谢。

用真诚赢得尊重

有段时间，松下电器不小心造出一件零部件不良的产品却没有发现，偏巧这产品让一位经销商拿到。而这位经销商恰是松下电器多年的友好支持者。这位经销商非常失望，他认为连这种不良商品都出货实在不应该，必须严重警告松下幸之助不可，于是特地来到松下电器公司。

这个人到公司实地一看，才知道所有的员工工作起来都非常认真努力。当他把情况说完后，松下电器的负责人不但诚恳地接待了他，还对那件次品的事表示高度重视，仿佛是自己的事似的。于是这个人想：大家都这么认真专心地工作，偶然出现一个不良商品，我也不必发脾气。

他不再生气，反而对松下电器公司更具信心，很放心地回去了。按常理说，顾客发现有次品时，都会非常愤慨并决定今后绝对不再买他们的商品。可是他却说："人不是完美无缺的，无论怎么谨慎认真，也难免出错。"他不仅原谅了错误，还下决心：我们也不能输给松下，非竭力推销商品不可。

诚心诚意努力工作的人经常都会想："这么做怎么样？""这次用这种方法，来跟他谈谈看看。"然后尽量动脑筋想出各种最有效的方法来。同样是说明一件事，他的说法自然比别人更充满热诚与友好。客人也会被他的热忱感动，同意他的说法。

看来，充满诚意而认真的行动一定会打动人心，产生意想不到的好结果。

有一次，有一个朋友向松下幸之助求助，请求借给他五千万元，说是因为收不到货款的缘故，而银行虽然也给过贷款，但都表示不能再借了。于是松下幸之助问他："银行都无法借，我怎么行，到底未收账款有多少？"他说大约有二亿五千万元。松下幸之助又问："有那么多债权怎么不去收？先收五千万元，不会有问题吧？"

他的朋友回答说："不，在银行吃紧的时候，顾客也都很困难，平常收款已经很不容易了，何况要预收？"

松下幸之助虽然觉得他说的有道理，不过还是告诉他："你现在是燃眉之急，是存亡的关头，应该把实情告诉对方，请他们提早付款。并不是二亿五千万元全部要，只是其中的五千万元，多跑几家，我相信大多数的顾客都会帮忙的。"

"可是把实情告诉顾客，会失去公司的信誉啊。"

"你这种想法不对，这是未收账款。你收款是天经地义，他们有付款的义务，只是他们以为你的公司经济宽裕，经营上没有问题，才把付款拖延。如果他们知道你的困境，一定会提早付给你。何况应收账款尚未收，又要举债，是违反经营原则的，这样不是反而会失去信誉吗？"

松下幸之助的话虽然苛刻了一点，但朋友也听了进去，于是就照样去做了。没过多久，他又来对松下幸之助说："松下先生，今天我是来向你道谢的。我听你的话，向顾客说明了实情，他们都非常同情我，本来预定收五千万元的，结果收了七千万元，而且又勉励我'好好去做'，并且订了比以前更多的货。我以前为了面子收款都很不积极，从今以后，我要勇敢地面对现实，认真经营。"

向顾客吐露真情反而会增加信用，生意也比以前好了。可见做生意一定要专心诚实，做生意的窍门或许就是这样。分辨是非，拿出信心，该做的，要切实去做。该收的货款，要认真去收。说平凡倒是很平凡，但能否切实去做，这是成功与失败的分水岭。

靠精诚赢得信任

重视顾客需要，与同行保持友谊，公平竞争，才能提高公司的信誉。

客户是企业的重要资源，可以说是一个企业的"衣食父母"。一个没有客户的企业是无法运作的。如何对待客户，松下幸之助对他的下属讲过这么一个例子：

在日本的江户时代，有一位才貌出众的艺妓，人称"高尾大夫"。她属于最上等的艺妓，所应酬的客人都只限于诸侯或富商巨贾，是贫民阶层高不可攀的一朵花。

有一天，一位名唤老久的年轻染坊工匠看到高尾大夫的美丽容姿，惊得目瞪口呆，一动也不动。他的同伴敲敲他的肩膀说："老兄，你在发什么呆，你爱上高尾大夫了？"并带着嘲笑的口吻说："既然爱上了，不妨去找她呀。她虽然有地位，但毕竟是个妓女，只要有钱，任何人都可以跟她做上一夜夫妻呀！"同伴这么一说，老久才回过神来，认真地问："那大约需要多少钱？"同伴回答说："老久，这可不是一个小数目，我看，15两黄金总要吧。"在当时，15两黄金对一位染坊工匠而言，需要勒紧腰带拼命工作三年才能勉强攒足。三年省吃俭用的积蓄，只为换来一夜风流，这听起来简直有些荒唐，但老久却暗自下定决心。三年之后，老久终于如愿以偿地与高尾大夫相会。

临别时，高尾大夫说："请再光临。"老久竟然回答："我得再等三年才能再来一次。"高尾大夫很是奇怪，再三追问后，老久才说出实情。高尾大夫听后，被他的诚实、纯真彻底感动，说："我在这里的年限一满，就嫁给你。为了表示我会守约，我将储蓄的30两黄金交给你代我保管到那时。"后来，顺利满工的高尾大夫果真和老久结婚，夫妻二人同心协力，创立了全江户第一的染坊。

松下幸之助讲这个故事是想说，只有对客户精诚，才能获取客户的信任。这个对客户真诚的道理同样适用于我们的为人处世，以真诚待人，并不是为了让别人也以真诚回报。如果动机是以自己的真诚换回别人的真诚，这本身已不够真诚，真诚是晶莹透明的，它不应该含有任何杂质。不错，真诚也是一种高尚。

真诚的反面为虚伪。真诚，有时会使你的利益受到损害，可即便如此，你的心灵深处会是宁静的；虚伪，有时会使你占到便宜，可即便如此，你的心灵深处会是不安的。真诚不与人言。如果别人理解你那份真诚，你不说别人也知道；如果别人不理解你那份真诚，表白往往会把事情弄得更糟。有时，我们受到了别人的欺骗，这是生活在告诉我们什么是不真诚，并不是在告诉我们应该放弃真诚。 首先是不去骗人，其次是不受人骗，把握住这两点，我们就可以堂堂正正地做人了。

永恒的真诚，换回的只会是短暂的虚伪；永恒的虚伪，换回的只会是短暂的真诚。做一个真诚的人，你会感到身心很轻松。而一个虚伪者，他常常会感到精神疲惫。 轻松下去，你会不断地为愉悦的氛围所包裹；疲惫下去，你将被不断袭来的沮丧情绪所笼罩。真诚犹如一潭幽静的湖水，宁静、淡泊、美丽。它有时也会遭到泥块和沙石的袭击，但是，它凭借自身的净化作用，很快会使污秽沉淀，但仍旧不改自己光彩的容颜。让我们永远保持和爱护这么美好的真诚吧！

第二节　关注顾客的需求

松下幸之助说："商店采购员决定进什么货销售，在心态上要当自己是替顾客采购，这样才能恰到好处。"如果可以秉着顾客至上的心态经常主动地为顾客挑选好物品，任何行业的生意都会兴隆。

学会站在对方的角度思考问题

黑猫请山羊到自己家吃饭，摆了一桌丰盛的佳肴：红烧老鼠肉、油氽老鼠皮、松脆老鼠头、清蒸老鼠腿……

山羊饿着肚子赶到黑猫家里，黑猫见山羊如约而至，马上请它入席，十分客气地说："吃吧，放开肚皮吃。"它自己则抓起一块老鼠肉有滋有味地大吃起来。

山羊坐在那儿，尽管肚子饿得咕噜咕噜地叫，面对这一桌丰盛的老鼠宴，却一点儿胃口也没有。

"黑猫，对不起，我……不吃老鼠。"山羊结结巴巴地说。

说完，山羊走到院子里，因为那里有一片鲜嫩的青草，它实在是太饿了。"原来是这样啊！"黑猫忍不住哈哈大笑起来。山羊在园子里吃着青草，也"咩咩"地叫着，以感谢黑猫的盛情招待。

客户是多种多样的，他们有各种各样的偏好，要是把产品或服务强加给客户，而不关心他的需求与喜好，显然不会成功。如果我们站在客户的角度来思考这个问题，是否会更好些呢？

松下幸之助说："商店采购员决定进什么货销售，在心态上要当自己是替顾客采购，这样才能恰到好处。"如果可以秉着顾客至上的心态经常主动为顾客挑选好物品，任何行业的生意都会兴隆。

安田先生曾服务于东京一家钱庄，因为服务年资届满，退休后开设了一家小小的店铺，贩卖鲣鱼干。

安田先生总是将店里摆放的色泽美好的上品鲣鱼干先行挑选给顾客，这种情形颇让顾客乐于再次光临。即使是顾客亲手挑选，安田先生也是帮他挑选上品。这种店主替顾客代选上品的做法就是顾客至上，完全为顾客服务的一种表现。

我们在销售时，若能做到成为顾客的掌柜，替顾客挑选好物品，那么我们相信这家商店或公司一定会繁荣的。

从事买卖时，当然要先衡量自己所经销的商品，然后信心十足地进行销售。这时，你最好站在消费者或顾客采购的立场，去衡量商品的内容。经办采购的人，通常应该分别思考品质如何，价钱是否合理，需要多少数量，该在什么时候买进等问题，尽量符合所服务公司或商店的需要。

因此，如果你当自己是在代表顾客采购，那就得随时想到顾客现在需要什么，需要的是哪类的东西，这样才能提供让顾客满意的建议。例如，一位太太为了做晚饭去鱼店买鱼，如果鱼店老板了解她的需要而建议说："太太，这种鱼现在正是时候，而且价钱也不贵。相信您的先生一定喜欢。"这种适当的意见必定会被她采纳，生意也就会成交了。这样一来，不仅能使顾客满意货品，店里的生意也会因此而兴隆。这种情形在其他商店里也是一样。

经办采购的人，往往会为了公司利益，贪图便宜而一味地要求减价。这虽是人之常情，却也令人担忧。因为只有以双方满意且互相受益的方式买卖，才能达到商家和顾客双赢的目的，否则就无法保持交易，结果是彼此都不会有好处。

用主动赢得机会

主动询问顾客的想法和需要是赢得顾客信任的最好方法。在任何时代，从事商业活动必须要注重服务。尤其是新产品陆续出现，就更应该重视服务了。

一般来说，生意兴隆的商店在销售上都会用尽心思，在服务上，也会给予更多的关心。在产品不足或发生故障时，卖家所做的服务更为重要。例如，天气开始炎热而需要用电扇时，不妨问问顾客"去年出品的电扇有没有什么毛病"或"我们的商品是否令您满意"。

这就是所谓"招呼式的服务"。

这种完全属于问候性质的服务，虽然不可能马上就有什么结果，但对需要的人来说，听起来会比什么都高兴，而且会觉得公司值得信赖。由这点便可以看出一个商人的荣誉与责任。但如果只是抱着不负责任的态度，那是很难有服务的热诚的。

不仅老板本身需要有这种强烈的服务意识，每一个店员也该有这种意识。如果一个商店里只有一个店员，那么强调这种服务意识的必要性就更重要了。

有了这种主动的意识，我会主动去做，也就不怕生意不兴隆了。因为有这种观念的商店，在交货时一定会亲切地说明使用的方法，也会热心地为顾客保养，以防止产品发生故障。如此一来，顾客的怨言不仅会减少，商品也会大受欢迎。

第三节　永远做顾客的仆人

对于"客户永远是对的"的理解，首先应该转换自己的角色，然后就会发现，这种说法并没有错。

我们永远是顾客的"仆人"

丰臣秀吉在尚未发迹前做过保管草鞋的仆人，还喂过马，但在这些平凡低下的劳动中，他却显出了人格的伟大和将来必定成器的苗头。丰臣秀吉保管草鞋时，在寒冷的冬季，总是把主人织田信长的草鞋抱在怀中，用自己的体温温暖它。他做马夫时，悉心照料马匹，勤刷洗，夜喂料。为了能把主人织田信长的坐骑养得更好，还拿出自己仅有的几个工钱买胡萝卜喂马，气得老婆都不跟他过了，但丰臣秀吉仍不改初衷，一如既往。

松下幸之助认为，这种精神给丰臣秀吉带来了后来的成功。他希望他的员工都学习这种敬业精神，因为这些故事对生意人如何做人有非常大的参考价值。他希望公司的员工也能以丰臣秀吉对待主人草鞋的态度对待出售给顾客的商品。

在松下幸之助看来，我们永远是顾客的"仆人"。

一次，顾客买的松下电视机出了故障，松下电器的服务部门将坏了的电视机搬走修理。出于对顾客利益的考虑，服务部门还送上一台临时电视机给顾客观看，使他们不致因修理而耽误了使用。有了这种敬业精神，就可以想出许许多多方便顾客的措施。这和丰臣秀吉怕主人冻坏了脚而想到用自己的体温温暖草鞋，怕自己养的马长不好而自己掏钱买胡萝卜一样，具有相同的精神价值。

"客户永远是对的"这句话的最早出处，应该是把中国的第一家店建在深圳洪湖的沃尔玛，在它的墙上贴着一条非常醒目的标语，每一个进入商店的人都可以看到：首先，顾客永远是对的；其次，顾客如果有错误，请参看第一条。创始人山姆·沃尔顿如是说："事实上，顾客能够解雇我们公司的每个人，他们只需要到其他的地方去花钱，就可以做到这一点。"由于沃尔玛在行业的影响力，一时间这句话传遍了大江南北。于是有很多企业都把"客户永远是对的""顾客第一""服务第一"等类似的口号用在企业的广告营销创意中，并有很多企业把它作为服务的宗旨。

曾有人对这个理念提出质疑，如果真的是客户错，也要认定客户是对的吗？这难道不是颠倒是非吗？管理学上有一个很著名的案例，讲等待上车的人和坐在车上的人的想法是不一样的。那些等车的人，因为着急上车，每见到一辆公交车就恨不得赶紧挤上去，哪怕车里已经满员了，也拼命地往上挤，如果看到有的车不靠站就想高声叫骂；而那些坐在车上的人呢？他们恨不得公交车每一站都不要停（除了自己下车的那一站），对于那些明明看见车满员了还往上挤的人会心生不满，甚至要对他们叫："挤什么挤，不会等下一班啊！"事实上，这只是角色在不同的时间点上进行了一些转换，可其心态相差就这么大！

所以，对于"客户永远是对的"的理解，首先应该转换自己的角色，然后就会发现，这种说法并没有错。

客户永远是对的

　　一天，一个老太太带着一只轮胎来到诺兹特劳姆连锁店要求退货，她坚持说这只轮胎是在这里买的，其实这家店从来就没有销售过这种轮胎。

　　售货员很有礼貌地向她解释说："我们店里从来就没有销售过这种轮胎，你肯定是搞错了。"

　　"不。"老太太坚持说，"我肯定是在这里买的，只要我不满意你们就得退货。"

　　最后，销售人员和主管商量后，决定接受"自己的轮胎"，并以非常好的态度将钱款退还给了她，老太太很满意地离开了。

　　从那以后，这位老太太成了诺兹特劳姆连锁店的忠实客户。

　　诺兹特劳姆连锁店的服务宗旨是"客户永远是对的，我们要为客户做一切可能做到的事情"。换到我们的角度，试想顾客错了的时候你仍据理力争，把顾客说得哑口无言，即便顾客意识到是自己的错误，心里会舒服吗？心中不悦以后便不会再来光顾，其结果是你做得再对，最终失去的是顾客，与商场最终的目的——通过吸引顾客获得经济效益是相悖的。

　　相反，抱着尊重顾客的态度，抱着"顾客永远是对的"这样一种理念，以理解的方式处理顾客遇到的所有问题，甚至主动把责任揽到自己身上来，努力让每一位顾客满意，则与商场的最终目标是一致的。两种不同的理念可以引出截然相反的结果。

第四节　对顾客要一视同仁

松下幸之助这样说："同是顾客，就不该有三六九等之分；同是顾客，就应受到同样的尊重。若能如此，才能算是真正的商人。"

不能带着有色眼镜看人

在一条街上，有一家很有名的糕点铺。一天，一个乞丐专门来买一块豆馅馒头。乞丐只为了一块豆馅馒头而来这种名店，的确是一件很稀罕的事。店里的学徒包好了之后正准备交给乞丐时，店主叫一声："等一下，由我来交给他。"然后，店主亲自交给对方，并在收钱之后鞠躬说："谢谢您的惠顾。"

乞丐走了之后，学徒好奇地问店主：

"过去不论是什么顾客光临，都是由我们或掌柜把东西交给顾客，好像从来没有见过由老板您亲自交给对方。今天的情形却不一样，这是为了什么？"

店主回答："你要记住，这就是做买卖的原则。店里的常客固然值得感谢，应该好好儿地接待，而这对刚才来的那位来说，更有特殊的意义。"

"有什么不同？"学徒问。

"平常那些顾客，都是有钱、有身份的人，他们光临我们的店没有什么稀罕。但这位乞丐是为了尝一尝我们做的豆馅馒头，而掏出了身上仅有的一点儿钱，这是千载难逢的机会。因此，当然应该由我亲自交给他。这也是买卖人应有的态度。"

松下幸之助这样说："同是顾客，就不该有三六九等之分；同是顾客，就应受到同样的尊重。若能如此，才能算是真正的商人。"做生意应该有这种观念：凡是在我们企业消费的，无论贫富、贵贱、职位高低，都是我们的顾客，都应该受到公平平等的对待。因为商人有供应商品的使命，无论你多么喜欢或厌恶某人，都不能带着有色眼镜看人，在买卖时必须公正。

一视同仁路自广

有一天，小红正在自家的超市里打扫卫生，进来一位顾客，问："有人吗？"小红抬起头来，一看正是自己同学的母亲张阿姨，她忙客气地说："张阿姨，您看我这忙的，都没看见您。快过年了，我想把店里的商品都打扫一下，您看想买点什么？"张阿姨买完东西，说："现在买东西真是方便，我邻居家就自己开了家小超市。"

小红问："那您怎么没有就近买呢？"张阿姨回答："提起来我就一肚子气，同样一箱牛奶，他们卖给对门的小胡是45元，我去买却要48元。从那以后，我就再也不去他家买东西了。"

张阿姨走了以后，小红一直在想刚刚那番话。细想起来，周围门挨门都是小超市，竞争非常激烈，自己一定要善待每一位顾客，做到一视同仁，不能张三来了一个价，李四来了又一个价，

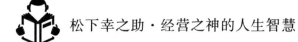

这样一来，顾客会觉得很反感，以后就不会来光顾了。

在现实的商业活动当中，很多企业都存在着这样一种现象，在接待询问客户的时候，是非常热心的，但是随着交流的深入，对客户的需求有所了解之后，销售员们会潜意识地把客户划分为三六九等，订单比较大的客户，他们会更加热情地接待，而对于小订单的客户，他们的热情就犹如被泼了一盆冷水一样，对客户变得爱理不理的了，这种类似嫌贫爱富的销售方式是不值得提倡的。

不能因为客户的订单小就不重视，因为你不知道他是否真的就是一个小客户，很可能是他想先和你们合作一下看看你们的诚意，一旦出现不被重视的情况，他们就会停止合作，转而继续寻找合作伙伴，直到找到真正对客户一视同仁的企业，才会把大单子交给他们做。而对于那些大客户，你一味地巴结讨好，没有让企业感觉到你作为优质产品和服务的提供者应当有的自信和尊严，那么总有一天他们会抛弃你。

不应以金额的大小来区分客户，而应当把所有客户当作自己的衣食父母，只有这样，才能和所有客户保持良好的关系，进而使企业树立良好的形象。

第五节　把顾客的抱怨当作机会

　　就一般的交谈内容而言，并非总是包含许多信息的。有时，一些普通的话题对你来说知道得已经够多了，可对方却谈兴正浓。这时，出于对客户的尊重，你应该保持耐心，不能表现出厌烦的情绪。

坦然接受他人的抱怨

　　由于长时期担任社长及会长的职务，松下幸之助常常会接到客户寄来的信件。这些信件有的是褒奖，但大多数是指责和抱怨。他对于赞美的信固然感激，但对于抱怨的意见，也同样接纳。一次，某位大学教授写给他一封信，抱怨他们学校向松下公司购买的产品发生故障。松下幸之助立刻请一位负责此事的高级职员去处理这件事。

　　开始，对方因为产品出现故障显得不太高兴，但这位负责人以诚心诚意的态度解释，并做了适当的处理，结果不但令客户感到很满意，这位顾客还好意地告诉这位负责人如何到其他学校去销售。像这样以诚恳的态度去处理客户的抱怨，反而获得了一个做生意的机会，这不是很好吗？

　　我们应该非常感谢曾对我们抱怨的顾客。顾客的抱怨，往往会使我们得以与顾客建立起另一种新的关系。而不把抱怨说出来的人，很可能只说句"再也不买那家的东西了"，就没有下文了。那些向我们表示不满的人，即使想说"再也不买了"，一看到我们的人拜访他时坦诚的样子，他也会说"专程到这里来的啊"这句话，来表示他已领受到我们的诚意。随后，他就会对我们工作的失误给予适度的谅解。

　　把抱怨当作是另一个机会的开始，这比不在意抱怨更重要。

　　　山姆·沃尔顿一生都在勤勉地工作。在他60多岁的时候，仍然每天坚持从早上4点半就开始工作，一直到晚上，有时候还会在某天凌晨4点左右去访问一家配送中心，与员工一起吃早餐。山姆常常自己开着飞机，从一家分店跑到另一家分店，每周至少有4天花在这类访问上，有时甚至是6天。

　　　20世纪70年代时，公司壮大了，山姆不可能遍访每家分店了，但他还会跑到自己的超市里，专门去听购物的老太太们的那些抱怨，然后用行动消除掉这些不满。

　　　山姆正是通过听员工、听顾客、听各个分店的声音，了解到了沃尔玛的运营、顾客的需求，然后不断地完善自身的服务以及管理方式，从而获得了巨大的成功。

　　如果销售人员非常专注地倾听，并且与客户建立了和谐的关系，那么客户便不会吹毛求疵，也不会用批评的眼光去审视销售人员。一旦客户欣赏并尊重你，那么他们往往能够接受你所推荐的产品、服务或者投诉处理方法。

　　　一天深夜，美国加利福尼亚的一家医院来了一对年轻夫妻，男的愁容满面，女的抱着一个正在哭泣的婴儿。这对夫妻来到了值班医生的办公室。

医生看了一下婴儿，便知道又是一起吃食烫伤。所谓的吃食烫伤，就是指在给孩子喂流汁的时候，没有掌握好食物的温度，因此将孩子的口腔烫伤了。吃食烫伤如果严重的话，还会殃及喉头及食管，而且更麻烦的是没有有效的治疗方法，恢复起来也慢，需要一到两周，在这段时间里，婴儿只能吃少量的食物。

给婴儿喂食是一个母亲必经的一关，稍微不小心，就会烫伤。所以很多母亲都是在给婴儿喂食时，自己先试试食物的温度或者将食物瓶放在脸上捂一捂。但总有一些大意的母亲忘了试温度，或者成人和婴儿对温度的感觉不同，母亲觉得温度是合适的，但是由于婴儿的口腔刚开始发育，承受不了稍微高点的温度，因此很容易发生烫伤。

值班医生给婴儿检查完后，安慰道："不太严重，及时治疗最多两个星期就可以恢复了。"

值班医生看着心事重重的年轻夫妇，抱怨道："如果汤匙上有个温度计就好了，这样可以避免多少婴儿被烫伤呀！"

医生只是随口说说，可是这个年轻人却灵光一闪：有这么多的孩子烫伤，那么研究出一种带温度计的汤匙，销路一定会很好。

这个青年想着，回家后又和家人进行了讨论，最后一家人都觉得可行，而且成本也不高，温度计为20美分，而汤匙为10美分。于是这个青年找到一个厂家说了自己的想法，先加工了100只这样的温度计汤匙。然后这个青年把这些温度计汤匙放到一些妇婴超市，每支售价1美元。令这个青年没有想到的是，不到一天，这些温度计汤匙就被抢购一空了，甚至还有没买到这种温度计汤匙的妇女来预定。

这个青年看到了商机，他首先向专利局申请了专利，然后开始大规模地生产这种温度计汤匙。果然，这批温度计汤匙投入市场马上就引起了抢购热潮，一个温度计为 20 美分，一个汤匙为 10 美分，成本只不过为 30 美分，可是售价却为 1 美元，近 3 倍的利润，这个青年也借此赚了一笔。更让这个青年没有想到的是，他也因此受到了政府的嘉奖。

这个青年靠这笔钱开始进入妇婴用品市场，最后他凭借自己的努力创办了美国著名的妇婴用品企业——美国强生公司，这个青年就是美国强生公司的创始人之一的罗伯特·伍德·强生。

罗伯特·伍德·强生能够白手起家创办公司，与他自己的努力是分不开的，也许强生的成功很简单，仅仅是把一个温度计和汤匙绑到了一起就赚到了第一桶金。可是为什么只是罗伯特·伍德·强生发现了机会？医生在每次有烫伤的婴儿送来时，都会抱怨要是有一种温度计汤匙多好，可是为什么别人没有想到，只有罗伯特想到了？因为罗伯特时刻都在留心机会，所以才会发现隐藏在医生抱怨中的机会。

工作中的倾听也是同样的道理。就一般的交谈内容而言，并非总是包含许多信息的。有时，一些普通的话题对你来说知道得已经够多了，可对方却谈兴正浓。这时，出于对客户的尊重，你应该保持耐心，不能表现出厌烦的情绪。

然而，很多销售人员都不能充分利用这种艺术，他们认为人有两只耳朵，所以肯定会知道如何去听。销售人员在倾听客户谈话时，要努力用心倾听，去了解客户。心理学家的统计证明，听话及思维的速度比讲话速度大约快 4 倍。鉴于这种差距，销售人员在倾听时，应充分利用这个时差来用心思考、琢磨客户的说话内容。反之，如果对客户的说话内容听而不闻，而把倾听时的时差用来想别的事情，就有可能得罪客户。

用心倾听会收获更多

要善于通过倾听、体会客户的感觉，设身处地地替客户想一想，不要急于下结论；要争取弄懂对方谈话的全部意思，接受和关心客户，认真帮助他寻找解决问题的途径；不要做与谈话无关的事情，或面露不耐烦的表情；不必介意客户的语言和动作特点，应将注意力放在谈话的内容上。

有一次，保险公司的优秀员工巴洛带着一位新员工去一栋写字楼进行陌生的拜访。他们最先拜访的是一位中年女士苏菲亚，当苏菲亚得知他们是保险公司的人时，立刻显得非常激动，大声地说："保险都是骗人的，你们卖保险的时候都说得好听，等我们买了就不是这样了，服务太差了……"在她的大肆渲染下，她身边的其他同事也跟着附和起来。

巴洛见状反而表现得很平静，慢条斯理地说："我完全能理解您的感受，也非常能够体谅您的心情。"苏菲亚听到巴洛的这番话，脸上的表情渐渐地平静了许多，语气也平和了。

看见她这样的转变，巴洛深入地了解了一下给她造成这样误解的原因。原来苏菲亚曾经在一家保险公司办了一份养老险，可是保险里没有附加住院医疗，而她去年因为肠道疾病住院近两个月。当她出院后到保险公司进行理赔时，未能得到赔付。更使她生气的是，连给她办理保险的代理人都已经不干了，所以使她满腹牢骚。

对于这一问题，巴洛把她视为自己的客户，当成自己没有妥善办理的问题，耐心地给她讲解。通过巴洛仔细的解释，苏菲亚笑着说："看来这里面学问还大着呢，也怪我自己当时太疏忽了，真是谢谢你啊，你今天给我上了一堂非常专业的保险课啊！你真是太专业了。"令巴洛没有想到的是，苏菲亚竟然因此对其他险种产生了兴趣，想让巴洛给她介绍介绍，然后还请巴洛为她和她的爱人各做一份计划。听到苏菲亚要办保险，她身边有两位同事也赶紧走过来问有没有适合他们的保险。

除了认真的倾听，还应有积极的回应，要有反馈性的表示。同时记住，应随对方的表情变化而变化自己的表情，并用简单的肯定或赞赏的词语适当地插话等。这样，客户会认为销售人员在认真地倾听，进而愿意更多、更深地讲出自己的观点。此外，还要注意不断地将信息反馈给对方，以检验自己的理解是否正确，并引导客户谈话的内容。

从谈话中了解客户的意见和要求，要搞清楚客户说话的真正含义。销售人员在倾听客户说话时，必须摸清客户的真正意图，只听其话语的表面意思是远远不够的。倾听客户谈话时，要能控制自己的感情，不要总想占主导地位，一个总想表现自己的销售人员是不会很好地倾听对方的谈话的。

优秀的推销员应做到：光会说话不行，光自己一个人说更不行，还要能使客户说话，并善于倾听客户说话，成为倾听的大师。对方说话，要全神贯注地听。要放下手中的工作，双手交叉放在膝盖上，身子稍微前倾些，好像全身心置于与对方的谈话之中。较重要的话要注意做好记录，要注意与对方目光的交流。不要评价，要自然而然地做出倾听的动作。

有疑问时，可打断对方（一般不要打断），可重申自己的观点，问对方对否，要心平气和地听客户讲话，不可带有敌意，少带偏见：要注意总结、概括或重申对方讲话中对自己有利的一面。

最重要的是，洗耳恭听可以使你确定客户究竟需要什么。

第 5 章

把制度经营成鼓励的指南

通常来说，公司的制度都是以执行力为前提，对员工的行为有约束和规范的作用。而松下幸之助所规定的公司制度，绝不是硬性的规定或是死板的章程，他首创了振奋人心的公司教条：培养员工的良好习惯，建立员工职训所，和员工共荣……松下幸之助把公司的制度经营为鼓励的指南，让员工在企业中提升能力，陶冶情操，身心都得到进一步的发展。

第一节 振奋人心的公司教条

精神层面上的东西不在于强制，而是要循循善诱，要懂得如何在潜移默化中渗透精神的力量。

精神不是强制，而是渗透

一位美国经济学家在考察完松下公司后指出："当我们拿松下公司和同一时代的美国公司互相比较时，我们发现，只有少数的美国公司能够维持当初创立时的活力了。要想知道为什么松下公司能够维持它原来的面目，而其他很多公司却远远落后，我们就必须去了解它的价值制度。因为这种价值制度正是松下成功的主要原因。"他所指的价值制度就是松下公司的"教条"。

精神层面上的东西不在于强制，而是要循循善诱，要懂得如何在潜移默化中渗透精神的力量。

"松下精神"是松下幸之助在长期的经营中带领自己的员工、自己的公司逐步形成的，其核心就是始终以做一个堂堂正正的商人为人生准则。这种"松下精神"是松下公司的经营理念的表现。它不仅仅是形式或表面的东西，更是被松下数十年的经营实践证实的。"松下精神"是全体员工日常的行动和思考准则，是松下电器公司上下行动的依据，并且是衡量职工日常工作和企业经营的尺度。个人的能力有限，必须相互协作、帮助，必须遵循这些"松下精神"，才能够完成既定的目标。

松下幸之助的公司信条

松下电器的精神也分为信条、社歌、七精神、纲领等多个层次和形式。员工每天在公司都要朗诵"松下七精神"、唱社歌。这会使得员工更加同心协力、步伐统一，当然这也是社训、社歌熏陶的结果。

一、松下电器的信条。公司要进步和发展，需要全体员工本着至诚、团结一致、为社务尽力的信念，唯有全部员工和睦相处，共同协作，进步才会指日可待。

二、著名的松下电器七精神。员工数量越多，松下的管理就越难。但松下幸之助牢记一点：不插手员工的日常管理，但要对员工的精神常抓不懈。

1933 年 7 月 27 日，松下幸之助在实施事业部制度的基础上，颁布了员工守则——即员工五大精神。到 1937 年 8 月 10 日，松下幸之助又增加了"顺应同化精神"与"感恩图报精神"，和前五条合并为员工七大精神。这七大精神分别是：

（1）产业报国精神——产业报国已明确列入公司纲领中。身为产业人员，都必须以"产业报国"为职责。

（2）光明正大精神——光明正大是为人处事之准绳。无论才学多高，能力多大，职位多显，缺乏此精神，就不足为楷模。

（3）团结友好精神——团结友好是公司之信条。无论多么优秀的人才，若缺乏这一精神，必是乌合之众、一盘散沙。

（4）发奋图强精神——发奋图强是公司完成使命之关键。明确使命，一步步朝目标努力奋进，必有所成。

（5）礼节谦让精神——人若不守礼节，社会必陷混乱。讲礼貌，守礼节，社会必并然有序，人与人之间必然和睦相处。

（6）顺应同化精神——顺应民族，与民族同化。员工必须抛弃私心、包容万物、忠诚尽力、为国为民，进入忘我境界。

（7）感恩图报精神——这是人类进步与幸福的原动力。有感恩图报之心，才能确立自身存在的意义，给社会带来温馨与快乐。凡是松下电器员工，在每日的朝会、夕会都得朗诵员工守则。

这"松下七精神"是当初松下幸之助为了鞭策自己，同时也是提醒员工在工作时应有什么样的态度而设的。要能够使上下一心，实现松下电器公司的使命，便不可松懈，若是放任不管的话，那只会是一盘散沙了。

三、松下电器纲领。为世界文化的发展、为社会生活的改善和向上、为个人的谋生，彻底尽到产业人的本分，作出应有的贡献。

四、员工指导与律己须知。

◆要有寻根问底的作风，要用真诚来领导下属，做到奖罚分明。

◆事业兴隆之本即员工的指导训练，主管要以身作则，起好带头示范作用。

◆相互协作、合作，亲睦和谐，同时不能滋生出依赖他人之心，这样才能事业成功。

◆所有员工应尽己所长、适才适用，这样公司才能兴旺发达、政通人和。

五、经营须知。

◆失败甚至是坏的经营会贻害人类，而合理的经营是造福社会的力量，因此要全力以赴地坚持好的经营。

◆不可存有私心，应以"大公"为信念经营企业，这样才是尽善经营、报效国家。

◆一定将"顾客第一"铭记于心，并且要牢记感恩，回馈社会，舍己尽责。

六、经济须知。将资金最有效地应用，制定严格合理可执行的预算；不可先停止对经营的研究，无论何时都应当要致力于经济观念的研究；尽量避免浪费，所有经费都要量入而出。

松下公司的教条小到为人处世，大到崇高理想，可谓是面面俱到。虽然普通平凡，却意义深远。松下电器公司在 1933 年至 1939 年期间制定、颁布和执行了上述的条条框框，而一位美国经济学家在此后考察了松下公司之后，曾这样说："与同一时代的美国公司相比较，松下公司最不可思议的地方在于它能够维持它原来的面目，而这种当初创业的活力只有少数的美国公司能够维持。"原因何在？就是松下公司的价值制度，而这种价值制度就是松下电器精神。

第二节　养成朝夕会议的习惯

松下幸之助说："一种好习惯会让一个企业青春永驻，常立于同行企业之林。"崇尚儒学的松下幸之助将"吾日三省吾身"的思想运用于企业的经营管理中，创立了"朝会"和"夕会"制度。

吾日三省吾身

朝会和夕会就是每天在上班开始前 5 分钟和下班前 5 分钟，以车间、班组或是科室为单位的员工聚会。在会上，班组长简要地布置一天的工作进度或激励员工达到某种要求，员工也可以发表感想；有时还要齐声高唱社歌，朗诵松下电器的"七大精神"和公司纲领。

"精神"和"纲领"不单纯是形式或表面的东西，它是松下公司的经营理念，而且已被数十年的经营实践证实。它是公司全体员工日常进行反省、思考和行动的准则，是衡量职工日常工作和企业经营的尺度，也是松下电器公司上下行动的依据。松下公司的员工认识到，只要遵循"纲领"和"七大精神"，相互协作，就能完成既定的目标。

朝会 5 分钟夕会 5 分钟，占用的是上班时间。在现代工业化的生产中，10 分钟可以产生千万的价值，即使如此，松下公司依然不改初衷。

朝会和夕会缘于 1919 年松下幸之助在大开街建新厂以后的做法。当时，松下幸之助每天在工作开始时总要对员工训诫几句——他滔滔不绝的口才，富于鼓动性的、有条有理的思辨，也是从那时逐渐培养起来的。1933 年，松下电器业务大发展，公司总部迁到门真街以后，朝会、夕会不仅没有时过境迁，反而作为制度确定下来，以后再也没有变更过。

对一个人来说，一种好习惯可以让一个人所向披靡，立于不败之地。同样，对一个企业来说，一种好习惯也可以让一个企业青春永驻，常立于同行企业之林。如此看来，松下幸之助的朝会和夕会制度便是这样的好习惯。

对于这种制度，当然有许多人不以为然。有些大学毕业生听说松下电器公司的这种规矩，就选择避而不来。许多新到松下公司的员工，参加朝会、夕会的时候也是非常心不甘、情不愿的。而且，朝会占用的是上班时间，直接影响到生产。即便如此，松下电器仍然坚持这种制度，原因何在？有些问题是需要经常提点和整顿的。朝会和夕会就是这样的机制。晨起之时而计划，夕寝之时而反省，必能日新月异。个人如此，公司又何尝不是这样？

重要的事情反复说

松下幸之助认为：重要的事情即使反复说许多遍，听的人也会马上忘记。除非印象很深刻，否则大概过两三天就会忘得一干二净。可是，说过话的那个人却以为对方时刻牢记着他的话。等到对方不记得时，他便会认为对方是个莫名其妙的人。怎么办呢？最好的办法就是反复地说。重要的事情，希望对方记住的事情，要反复说，说到纵使不想记也会记住的地步。

对于朗读松下电器的"七大精神"，松下幸之助解释说："当然是为了提醒员工们在工作时应有什么态度，同时也是为了鞭策我自己而规定的。为了要达成松下电器公司的使命，绝不能松懈，更不可忘记。如果放任不管的话，便会逐渐淡忘。所以要有此规定，在每天开始工作时，讲给自己听，使自己心里有所警觉。"

在松下电器公司，还真有因为不举行朝会和夕会、没有朗读"七大精神"而迷失了松下幸之助基本经营方针的事情发生。那是一间生产马达的工厂，在战后重建时总是不能扭转亏损的局面。当时的顾问高桥荒太郎细致地调查了该公司的方方面面，才发现问题不在于那些细枝末节的事情，关键在于从厂干部到员工都迷失了松下幸之助关于经营的基本方针，因为他们根本没有组织朝会和夕会。于是高桥荒太郎指导干部、员工重新认识松下幸之助的经营观念，并以此来检查各个环节，诸如质量、成本、服务等，加以改善。此后不到半年，就使工厂起死回生，走上了正轨。

一个企业有什么样的结构，直接关系到它的命运。坏的制度足以延滞企业的进程；好的制度则足以因好的组合、结构而产生几何级数的跳跃，使 1+1 远大于 2。

优秀的经营理念需要一定的制度来保证，人员的使用也有待于制度的规范。成功的松下电器，其硬件组织制度当然也是有借鉴意义的。

第三节　建立员工职训所

对于员工的成长，企业应该有一个规划，并且要设置出能够执行的切实计划，这样才能拥有企业所需要的人才。

成长需要空间

对于员工的成长，企业应该有一个规划，并且要设置出能够执行的切实计划，这样才能拥有企业所需要的人才。

1930 年，松下幸之助开始筹备职训所。当时松下幸之助设想的是在 3000 平方米的土地上盖一个建筑物，并把买土地的工作交付给石井君去办。石井君本来是看中了西淀川区姬岛地方的一块地，但因一些细节谈不拢而作罢。后来，因为门真村有人要出售土地，石井君觉得这里在京阪沿线门真车站附近，交通非常方便，便劝松下幸之助买下来。可是，松下幸之助到实地察看之后，觉得距离大阪很远，开始有些犹豫。但因为一时也没有合适的土地，加上职训所也不会影响经营，于是以 17.50 元／平方米的价格买下了 3500 平方米的地。

松下幸之助打算从全国各小学毕业生里选出优秀的人，来培养中坚店员。职训所每天用时 8 小时，其中读书 4 小时，实习 4 小时，除星期日以外不休假。同时，在五年以内修完中等学校的课程，这样就可以提早两年就职。因为，少年时期是人一生中可塑性最大的时期，学技术、学做生意、学经营都是再合适不过了，而且提早的两年也可以培养他们的实力，做一名真正有用的从业员。

就这样，松下幸之助用 15 万元（这在当时对松下幸之助来说也是一笔巨款和很大的负担），开始建造工程。松下幸之助的校园梦总算成真，规模虽然不算大，教学安排、行政安排方面也还不能十分满意，但是对松下电器来说，是很有价值而且意义深远的建设。

在日本松下电器公司的一次会议上，松下幸之助问公司的一位中层雇员："在与客户打交道时，如果客户问你，松下电器公司的主要产品是什么，你怎么回答？"所有在座的人都觉得奇怪，松下电器公司的主要产品不就是各种电器吗？这位下属也不解其意地说："当然是各种电器。"松下幸之助对他说："不对，以后客户问到松下是做什么的，应该说是培养人才，兼做电器的。"松下先生一直坚持培养员工，就像他说的，松下是培养人才的地方，兼做电器生意。

曾经有一个公司的职员和松下幸之助特别要好。有一次，他因为业务关系去松下幸之助的公司，对松下幸之助说："东京现在有一家工厂，松下先生要不要买下这家工厂呢？我觉得这个工厂很有希望，如果您能买下来的话，一定会成为一个很棒的工厂。"这个年轻人对松下幸之助侃侃而谈了 30 多分钟，为他分析了那家工厂的情形，分析如果松下幸之助买下那家工厂将是怎样的发展情况，等等。松下幸之助想了想，对他说："既然你这么大力推荐，那我就买下来经营试试看吧。"这位年轻人有点惊讶地问："您真的要买吗？您都没有实地去看过。"松下幸之助说："但是我有一个条件，因为我们公司也在开发，特别需要人才，如果你愿意进我们公司来经营这个工厂的话，那我就将这个工厂买下来，怎么样？"

没想到，松下幸之助刚一说完，马上就被年轻人给否决了，他说："松下先生，这个我不能答应您，因为我是社长，不能辞掉现在的工作。"松下幸之助疑惑地问，"你不是职员吗？怎么是社长呢？"年轻人笑笑说："我的身份是职员没错，可是我却是抱着是社长的态度去做事的，是社长就不能轻易地辞职到别的公司去。"

听完之后，松下幸之助觉得这个人真的很伟大，觉得一定也要将自己的员工培养成这样的人，以主人翁的心态去做事，这样一来，员工自然就更愿意留在企业里。同时，他也觉得，最好不要去干挖墙脚的事，员工还是需要自己培养。

现在松下公司的课长、主任以上的干部多数都是公司自己培养起来的。为了加强日常教育培训，总公司设有"教育训练中心"，下属8个研修所和一个高等职业学校，这8个研修所是：中央社员研修所，主要培训主任、课长、部长等领导干部；制造技术研修所，主要培训技术人员和技术工人；营业研修所，主要培训销售人员和营业管理人员；海外研修所，负责培训松下国外的工作人员和国内的外贸人员；东京、奈良、宇都宫和北大阪4个地区的社员研修所，分别负责培训公司在该地区的工作人员；松下电器高等职业训练学校则负责培训刚招收进来的高中毕业生和青年职工。

良好的培训胜过埋头苦干

松下的职工教育是从员工入职开始抓起的。凡新招收的职工，都要先接受8个月的实习培训，才能分配到工作岗位上。

例如，在日本著名的旅游胜地琵琶湖畔，有一个美丽的花园式庭院，这就是松下商学院。松下商学院是为松下集团培养销售经理的一年制商业大学。自1970年创办以来，松下商学院为松下公司培养了3000多名专业人才。商学院的教育方针和教学内容十分有趣，是一个传播和培育新理念、新思想及新方法的平台。它对销售员工的培训从日常生活抓起，在日常生活中灌输企业文化，并用中国传统文化改造学员的价值观、人生观、世界观，从而打造一批"明德""亲民""至善"的企业销售人才，建立优秀的组织文化；思想上，以儒家哲学与现代企事业管理为主，对学员进行严格教育；信念上，坚守产业人的本分，以期改善和提高社会生活，为世界文化的发展作出贡献。和亲合作，全员至诚，一致团结，服务社会。目标上，"明德"——竭尽全力、身体力行地实践商业道德，"亲民"——至诚无欺，保持良好的人际关系，"至善"——为实现尽善尽美的目标而努力。作风上，寒暄要大声，用语要准确，行动要敏捷，服装要整洁，穿鞋要讲究，扫除要彻底。他的指导思想是坚持组织文化培训的原则，以中国传统文化为主要培养内容，把中国儒家哲学与现代企业管理熔于一炉，对学员进行严格的教育。松下电器公司能长久地屹立于世界企业之巅，在于把人的开发看作是头等重要的事情。创建人松下幸之助曾说："松下电器公司是培养人才的公司，并且兼做电器生意。"可见松下幸之助对教育人才之重视。

松下幸之助在管理中总结出自己特有的培训模式，即置培训于日常管理工作当中，把管理当作训练，把工作当作学习，教材就是管理和具体工作本身，课堂就是企业和工作场所。松下幸之助善于把日常管理和每件工作当作训练员工的教材，提高员工素质。松下幸之助相信，许多看上去似乎渺小的员工，每天注重如何在工作中求进步，其成效将胜过公司所有的生产工程师和策划人员。"从平凡人身上得到不平凡的成果"是松下公司培训的基本原则和目标。

松下幸之助在日常管理的培训过程中逐渐形成了自己的特点，一是以日常管理为主，对员工进行在职培训；二是注重员工的自我开发训练，通过员工的自我管理进行自我培训。松下公司把人才培养放在首位，有一套培养人、团结人、使用人的办法，所以在松下体制确立以来，培养

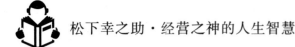

了一支企业家和专家队伍。员工培训关系到整个员工队伍的素质。松下公司建立了完善的员工培训体制，使总公司人事部、事业单位、分公司和相关职能部门职责清、责任明、运作协调。松下公司员工培训的工作重点是为公司实现全球化发展培育人才，储备干部队伍，目标是从实用有效的培育出发，进行多项内容、多种方式的研修，达到向 MBA 教育挑战的目的。

事业的成败取决于人才培育的成败。表现出色的人也会及时得到重用，松下公司鼓励管理人员在内部找出有进取精神、有能力、有潜力的人员，使人人都能找到适合自己的角色。

松下幸之助非常重视员工的培训工作，有自己独特的员工培养制度，为了适应企业的发展，松下公司人事部门还规定了下列辅助办法：

第一，自己申请制度。干部工作一段时间后，可以自己主动向人事部门"申请"，要求调动和升迁，经考核合格，也可以被提拔任用。

第二，社内招聘制度。在职位有空缺时，人事部门也可以向公司内部招聘适当人选，不一定非要在原来的单位中论资排辈，依次提拔干部。

第三，社内学习制度。技术人员可以自己申请，经公司批准，到公司内办的学术或教育训练中心去学习专业知识。公司则根据发展需要，优先批准急需专业的人才去学习。

第四，海外留学制度。定期选派技术人员、管理人员到国外学习，除向欧美各国派遣留学生外，也向中国派遣留学生，北京大学、复旦大学都有松下公司派来的留学生。

从职训所的构想我们可以看出，松下幸之助对企业员工有一个十分周密、十分实际、十分贴切的计划。他为职员考虑得很多，为他们做了一定的职业规划，又不失其个体的独立选择，这自然是很难得的事情。

从另一方面来讲，松下幸之助的这一职训所计划也绝非徒劳。对企业而言，更希望拥有的员工都能够十分适应、满足、胜任岗位的职责，都能够很好地应对、贡献于企业的事业、需求。而这种恰如其分的满足，在市场中一一找寻应对是很困难的事情。所以，采取自己量体裁衣来训练和培训人才是很好的方法与方式。

这种一举两得的方法很是高明与智慧，是值得很多企业，特别是大型的、上升型发展的企业借鉴的。因为，如果员工的素养、职业技能提高了，企业的发展也就是水到渠成的事。

第四节　创办政经塾培养人才

松下幸之助认为：“政治、企业、宗教虽然彼此不同，但是目的相同，就是以仁慈之心造福众生。因此，为迎接 21 世纪的到来，积极培育高级政治、经济人才，把他们造就成具有仁慈心的领导人物，是时代赋予我们的重要使命。”

专业技能要过硬

时代赋予我们的重要使命是：应当重视人才的培养，特别是社会重要领域，如政治、经济等方面的人才。

松下幸之助很注重培养人才和建设松下公司的企业文化，说到这一点，就不得不说影响最大、最重要的松下政经塾。松下公司不仅设立各种名目、不同期限、脱产和不脱产的进修班、研修班，而且松下幸之助也常挤出时间亲自参加这样的活动并担任讲师。同时，以"为全日本培养清廉政治家"为目标，以"为国举才"为初衷，建立了政经塾。

　　日本经济在20世纪70年代末得到快速发展。然而，随着国际化浪潮的奔涌而至，政治诟病丛生，各种体制几近崩溃，在日本的政治舞台上少见有抱负、有见识的政治家。正因为看到了这样的时局，看到了日本未来的社会危机，松下幸之助才高瞻远瞩地为避免未来困境而出资70亿日元，在1979年建立了松下政经塾，在1980年开始正式招生。

　　原本松下政经塾是5年制寄宿式教育，后因经费问题改为3年。三年间，大家共同学习，同吃同住，共同研修。研修的基本方针是：学员自己设置理想的国家模式，并在实践过程中不断积累经验，同时定期进行学员间的交流、探讨，以求在此过程中不断进步。因此，学校并不设专职的教师。为此，松下幸之助还设立了塾规：为人类的幸福、繁荣、世界和平作出贡献，在新的人生观之上建立政治、经济理念，要热爱国家、热爱人民。同时，政经塾还有自己的塾训：探求本质、虚心学习、不断进步、潜心钻研。在政经塾学习的学员还要遵循守则：团结协作、自主研修、开拓进取、持之以恒、事事钻营。

松下幸之助的政经塾不仅着眼于政治、经济等专业知识，而且注重文化道德、坚韧意志和修养的锻炼。其中的专业课以自我研修为主，强调理论与实践的密切结合。比如，专业课中会涉及水稻与国计民生，社会发展与家庭的变革，日本会维持多久的经济高速增长，对巨大的中国市场如何看待，儒教对企业的影响，等等。

注重个人的综合发展

由此可见，这所政经塾是非常有理念、有思想和有目标的学校，因此在招生方面也是秉持着宁缺毋滥的原则。政经塾招收年龄在 22 ～ 35 岁之间的大学本科毕业生，无笔试、面试，并要求考生提交一篇 1600 字左右的小论文。合格的学员不但不用缴纳学费，还可以在第一年领取 20 万日元零用金，学员可以根据自己的兴趣制订研修计划；在第二、第三年时，学员需根据自己的研修计划，利用 25 万日元的资金开展各种实践活动。并且，学员每年还有 100 ～ 150 万日元的活动资金补助费。

第一学年以培养人性为主。学习日本传统精神，通过实践活动来磨炼自己。在政经塾读过书的人，都觉得入学相较于读完是较为简单的事，要想完成三年的课程，必须下非常大的工夫。学员要打扫庭园、跑步，学习剑道、茶道、书道，要修习坐禅，还要在 24 小时内步行全程约 100 公里的三浦半岛一周，这主要是挑战人类体能与精神的极限，从而培养学员，使其在未来的工作领域中能不畏困难、无往不利。

另外，政经塾内还设有各种讲座，引导学员形成扎实的国家观、人生观、历史观。第二学年的 4 月对新学员进行指导，5 ～ 6 月集中到各界去实习，学习如何做一名领袖；7 月以后，以各自的课题进行研修；9 月末，校方进行研修成果及活动规划的审查。

第二学年后半期至第三学年，学员以周、月、季为单位，定出自己的活动计划、报告书，通过论坛、媒体投稿等形式进行社会进言活动。在 4 月要对一二年级学员进行指导，通报研修计划进展情况，同时校方履行审查。

松下政经塾的研修方针是：第一，"德智体三位一体"。培育一个能够引领时代的人才，要有强健的体魄，要有哲理性、深邃的洞察力、优秀的语言能力以及历史性和世界性的眼光。当然，最重要的就是人性。所以，在德智体中，将德放在首位。在政经塾内，是十分看重德育教育的，同时也主张德智体全面发展。

第二，"现地现场"。在松下政经塾，学员要学习课本知识，更要有真实信息的现场感，要主动积极地置身于问题之中，寻找解决问题的关键方法。并且鼓励学员学习某一专业就应向世界最权威的地方学习，汲取精华，造福日本社会。

第三，"自修自得"。在新时代成长起来的领导者，应当不断开拓自己未来的道路，应当充分发挥自主性。因此，在松下政经塾里，学员们自己确定研究课题，制订、实施活动计划，同时对所产生的结果负责。

第四，"个性发展"。在政经塾里，承认每个人的特点和优点，允许人的个性发展，并鼓励大家将身上的特点和优点发挥出来，并加以引导，从而实现幸福和成功。因此，政经塾没有固定模式的研修计划，没有固定的老师。

第五，"团体式学习"。在政经塾，不提倡一个人埋头苦学，而是更注重同学或有识之士之间的交流和探讨。这也是学校采取寄宿制的根本出发点，这样有助于促进大家共同进步。

政经塾有一整套的办学理念，松下设立的100亿日元的教育基金，是由松下幸之助与公司双方的投资各占50%组成。尽管如此，松下幸之助并不要求学成结业的毕业生一定要留在松下公司，而是鼓励他们投入更广阔的世界经济大市场，或是独立创办公司，只要能积极参与社会活动，为社会服务即可。

松下政经塾并非单纯的私塾式教育机构和普通大学，其具有很浓的政治色彩，旨在培养日本领导者，改造日本社会。有统计显示，截至2008年4月1日，毕业于松下政经塾的有238人，其中100人，即43.7%的毕业生从事政治领域的工作，有69名政治家，27名议员，3名参议院议员，还有其他地方议员等39人。有68人，即29.3%的人从事经济领域的工作，其中15.7%（36人）从事研究、媒体和教育领域工作，11.3%（26人）从事其他工作。可以说，政经塾的毕业生已渗透到日本各领域。

松下幸之助认为：政治、企业、宗教虽然彼此不同，但是目的相同，就是以仁慈之心造福众生。因此，为迎接21世纪的到来，积极培育高级政治、经济人才，把他们造就成具有仁慈心的领导人物，是时代赋予我们的重要使命。

松下幸之助创办松下政经塾毫无利己之心，他高瞻远瞩，放眼未来，向着人类的21世纪迈进。正是在松下幸之助的苦心培育下，在实现时代赋予自己的重要使命中，日本拥有了一批高级政治、经济人才。

第五节　贯彻共存共荣的原则

松下幸之助说："优先考虑对方利益，不仅是为对方着想，更是为了自己，结果是双方都能得到利益。"

优先考虑对方利益

企业的经营活动必须带动整个社会的繁荣。如果只有自己的公司得到发展，社会成长却不能相配合，这样的企业终究是不能长久的。企业与社会必须一起繁荣，共存共荣，否则必不能得到真正的发展，这是自然的法则。

企业为了扩展它的事业活动，就要靠和它有往来的企业或人。如买方、卖方、消费者以及提供资金的股东或银行，甚至于地区、社会大众等，彼此以各种形态保持关系。如果牺牲有关系的一方来图谋自己公司的发展，就是一件不可原谅的事，最后必会导致自我毁灭。因此经常考虑和有交易往来的对方共存共荣，可以说是企业维持长久发展的唯一道路。

例如，为了答应消费者减价的要求，就必须请供应原料的厂商降低价格，但是碰到这种情况，绝不能只要求对方降价，而要考虑到减价后对方是否仍能经营。换句话说，必须考虑是否能够确保对方的适当利润。

基于共存共荣的理想，就必须充分考虑对方的立场和利益。优先考虑对方利益，不仅是为对方着想，更是为了自己着想，结果是双方都能得到利益。

与同业共存共荣是最困难的，同业之间免不了竞争，而且竞争极为激烈，常常形成恶性竞争，这种恶性竞争很可能将一位合格的经营者击倒，使从业者产生纷扰，最后带给社会很大的危害。同业者之间不能确保相互的适当利益时，往往会造成税金减收，国家、社会也会蒙受很大的损失，所以说恶性竞争是有百害而无一利的。

自主经营，实现共存共荣

纵使小企业有时候被卷入恶性竞争，但只要居领导地位的大型企业毅然地贯彻公平竞争的原则，从业者当不致陷于混乱。这就好比在国际社会舞台上，小国之间恶性竞争，引发战争，但如果大国不卷入这场是非，而是以公正的立场居中调停，战争就不会扩大，不久后自然会平息下去。如果居领导地位的企业，率先引发恶性竞争，就像世界大战一样，必将带给企业界很大的混乱，使业界蒙受极大伤害，同时也影响到企业本身的信用。

能考虑到这些问题确实很不简单，但是经常注意去实践业者之间的共存共荣是更重要的。规模越大的企业，对这个问题所负的责任也越大。

而共存共荣的第一步就是自主经营。本来共存共荣与自主经营在现实社会以及商战中是存在着矛盾的。对于这种矛盾，无论是厂家还是批发商，都必须在经营过程中想方设法处理好。

事实上，自主经营与共存共荣之间存在着共同性。所谓自主经营，就是在自己的责任下进行工作。这种在自己的责任之下的工作会带来什么呢？第一，就是不给别人添麻烦。相反，如果不是自主经营，就要借助别人的力量，或是请求别人的帮助，这就会给别人增添麻烦。因为给别人增添了麻烦，所以就谈不上共存共荣了。从这个角度上讲，共存共荣的第一步确实是自主经营。第二，只有在这种自主经营的基础之上，才能帮助他人，引导他人，与他人共同前进。所以，首先要独立，然后再与邻近的人携起手来。即使是独立，如果仍然犹豫不决，这样去握邻居的手，说实在话，邻居也是很为难的。

这样看来，不进行自主经营的人，进行的就是依存经营，那就达不到共存共荣。他们是在别人的帮助下去干的。用松下幸之助的话说，在别人帮助下去干，迟早会露出破绽，所以，不依靠别人的帮助而是自己去做，这是原则。只有在此基础上相互帮助，同心协力，才能获得成功。

所以说，没有自主经营，就没有共存共荣，因为它是共存共荣的第一步。

第 6 章

把自己经营为出色的领导

所谓领导，就是指挥、带领、引导和鼓励部下为实现目标而努力的过程。顾名思义，在这个过程中领导者要起到具体指挥、协调和激励三个方面的作用。作为一个成功的领导者，不管是在学习还是在工作阶段，都应该有自己待人和处事的原则以及自身独特的素质。而松下幸之助更是精益求精，把自己经营为出色的领导。

第一节 领导不等于军师

松下幸之助曾说过："经营者不是军师，军师只建议应该采取什么战略，但采用与否则由经营者决定。"经营者的决断力是很重要的。他们的决断力如何，往往会决定企业的成败。

加强自身的决断力

1926 年，松下电器公司首次在金泽市设立了营业所。金泽这个地方，松下幸之助从没去过。但是经过多方面的考虑，他觉得无论如何，公司都必须在金泽成立一个营业所。这时候出现了一个问题，到底应该派谁去负责这个营业所呢？其实有能力去主持这个新营业所的高级主管为数不少，但是，这些老资格的人却必须留在总公司工作。这些人中如果有人离开总公司，那么总公司的业务势必受到影响，所以，这些人都不能派往金泽。可是，总要有人去呀，怎么办呢？

这时候，松下幸之助忽然想起了一个年轻的业务员，只是这个人的年纪刚满 20 岁。如果说年轻是个问题，那的确如此。但是，松下幸之助认为不可能因为年轻就做不好。

松下幸之助决定派这个年轻的业务员担任金泽营业所的负责人。于是把他找来，对他说："这次公司决定在金泽设立一个营业所，我希望你去主持。现在你就立刻去金泽，找个适当的地方，租间房子，设立一个营业所。资金嘛，我先准备了 300 万日元，你拿去进行这项工作好了。"

听松下幸之助这么一说，这个年轻的业务员大吃一惊。他惊讶地盯着松下幸之助说："这么重要的职务，我恐怕不能胜任，我进入公司还不到两年，只是个新进的小职员。年纪也才 20 出头，还没有什么经验……"他脸上的表情好像有些不安。毕竟，一个才进入公司两年的小职员，突然被委以要职，他必然会感到困惑。

松下幸之助用近乎命令的口吻对他说："没有你做不到的事，你一定能够做到的。想想看，战国时代，像加藤清正、福岛正则这些武将，都在十几岁的时候就活跃于战场了。他们都在年轻的时候就拥有了自己的城堡，统率部下，治理领地。明治维新的志士们不也都是年轻人吗？他们在国家艰难的时期能够自如地应对，建立了新的日本。你已经超过 20 岁了，不可能做不到。只要你肯，你可以做到。"

松下幸之助说了很多这类鼓励他的话。这个年轻的职员说："我明白了，让我去做吧。承蒙您给我这个机会，实在荣幸之至，我会好好地去干。"他脸上的神色和刚才判若两人，显出感激的样子。所以松下幸之助也高兴地说："好，那就请你好好儿去做。"就这样，松下幸之助派他去了金泽。

这个职员一到金泽，立即展开活动。他几乎每天都写信给松下幸之助。他在信中说，正在寻找可以做生意的房子。然后又写信说房子已经找到了，并把进展情形一一告诉松下幸之助。没多久，筹备工作已经就绪了。于是松下幸之助从大阪派去两三个职员，开设了营业所。

在松下幸之助看来，信赖一个职员、部属，就应该放心地把工作交给他做。这样才能唤起被信任者的责任感，而且能促使他充分发挥潜力和特长，取得令人想不到的好效果。

松下幸之助曾说过："经营者不是军师，军师只建议应该采取什么战略，但采用与否则由经营者决定。"经营者的决断力是很重要的。他们的决断力如何，往往会决定企业的成败。

果断应对时局的变化

随着时代的发展，我们必须学会采取果断的手段去应对，认清什么时候应该坚持自己的立场，什么时候要采取果断的措施适应时代的变化。这就是经营者应有的判断力，也是决断力。

松下幸之助认为，应付变局时，最重要的还是面对现实，必须不为私欲所惑，不计毁誉或不受舆论羁绊，虚心地观察事情的真相。如果有这种淳朴的心态，就能看出事物的真相，把握应有的态度。

不过，在实际判断时，经营者难免会因为听到一些"闲言"而倍增烦恼。在这些"闲言"中，可能有些是出于善意的——但是员工为公司前途发展所提的善意建议，有时未必正确。经营者必须有识别的才能，否则难免滋生问题，不能做出正确的判断。

企业的经营者不是军师。军师只建议应该采取什么战略，但采用与否则由经营者决定。可以说，经营者只要决定解决问题的方案。

10 位军师为你提供建议，他们的意见可能一致，也可能各执一词，而决定权完全在统帅身上，因此不会做决定的统帅必定是愚将，更不用说战胜敌人了。

经营者果断地下决心，然后所有员工在其领导下团结一致，对企业的高效发展是非常重要的。松下幸之助认为，统御的能力完全由经营者的见识而定。经营者的见识如何，将决定员工能否跟着他走。

如果大家都不负责任，那么任何事情都会半途而废。因此，问题在于怎样才能使每一个人对责任有正确的认识，然后把事情做得近乎完美。

第二节　领导要有说服力

松下幸之助说："没有说服力的领导者，就像一块压干的破海绵，引不起别人的兴趣。"说话乏味又没有吸引力，就算他所传播的是耶稣的真理，也不会有人信他。

说服力的重要性

明治初年，日本政府想修筑从东京到京都的铁路，但是一些封建保守势力认为，铁路是西洋颓废物质文明的产物，所以群起反对。当时，负责监督铁路工程的岩仓具视公为了消除反对的声浪，就公开对人民列举修筑铁路的"理由"。

他说："虽然日本的首都已经迁到东京，但皇室一千多年来祖先的坟墓仍多在京都一带，所以天皇每年都得回京都扫墓祭祖。每次出门，沿途的百姓总要送迎，增加大家的麻烦。如果修成铁路，天皇返乡时就不必惊动地方了。因此，为了成全天皇的孝心，又为了东京到京都沿途的宁静，修筑铁路实在是刻不容缓的事。"

当然，人们知道明治天皇修筑铁路是基于政治、军事和经济上的考虑，而不完全是为了"尽孝"。可是这个理由巧妙地抓住了日本人崇敬皇室的传统，比其他一千一万个理由都有效，原先反对的人也纷纷表示赞同说："对，没错，我们确实要体谅天皇尽孝的心情。"于是，没多久铁路的建设就如期开工了。

同样的道理，领导者为了完成某项使命，常常需要动员许多部属，所以最重要的事就是要让这些部属服从命令。而为了使部下服从，领导者不但要确立正确的施政方针，还要有良好的领导技巧。

领导者的施政方针如果不够明确，部下就无从下手工作。可是，一个领导者最忌讳的，就是顽固地认定自己的施政方针是正确的，别人的想法是错误的，而以高压的手段强迫部属服从命令，这样最容易激起别人的反感而产生负面效果。所以，宣布一个政策要大家都遵从时，必须考虑到说话的技巧——只有具有相当的说服力，才能收到预期的效果。

什么是说服力呢？就是说话时要考虑到时间、场合和对象，因人因事，说出足以打动对方，并使之无法抗辩或反对的话，以达到使别人替自己办事的目的。

松下幸之助向来都相信，在一个企业团体中，只要部属能尊重上司的权威，而上司也能采纳部属的意见，一切都可以顺利地推动。

要有尊重权威的意识

　　松下幸之助与日本最大的佛教组织"创价学会"的会长池田先生常常见面。虽然他很年轻，可是无论从哪方面来看，池田先生都是一个优秀的人。松下幸之助很尊重他。他有两句口头禅常挂在嘴上，那就是"释迦牟尼认为……""日莲大圣人认为……"虽然很多话其实都是他自己说的，但他绝不说"我认为……"而是说成释迦牟尼或日莲大圣人的看法。从严格的角度去批评，这无疑是一些谎言，可是他的这些谎言并不是为自己谋利，而是希望能为信徒所信服，从而使他们过上善良和平的生活，提高世人的道德水准。

　　因此，松下幸之助认为池田先生很善于利用权威来增加自己的说服力。松下幸之助之所以尊敬他，一方面是他渊博的才学，把创价学会办得有声有色；另一方面是尊敬他的聪明，会利用权威来使众人信服。

　　因此，无论是经营团体还是管理团队，都必须使大家有尊重权威的意识，并且依照权威的指示办事，这对工作的顺利开展是大有裨益的。当然，够资格称"权威"的，是极少数出类拔萃的"专家中的专家"。

　　就公司而言，管理有管理的权威，技术有技术的权威，确定经营目标和理念也要有一位"精神"上的权威。只要充分利用权威的说服力，必能消除大家对工作上的疑惧，团结向前冲。但若公司内部缺少权威，可以从外面聘请顾问，以他的专业知识提供咨询和指导。

　　在企业中，无论是工作上的创新，还是道德的维护，都应以权威的意见为衡量标准。当然，我们要理智地看待权威，不盲目顺从，但一定要有尊重权威的意识，这样公司的发展才能蒸蒸日上。

在现今的社会中，否定权威、反对权威的风气日甚。有的人打着个性自由的幌子，追求特立独行。可是，就经营而言，领导和员工还要明确认识到，权威是公司的精神中枢，愚妄地否定权威，公司就会陷入尴尬的境地。

实际上，无论你是一个政客、一个商人，还是一个学者，如果想要获得成功，说服力是你可以随身携带的制胜法宝。

第三节　不要随意支使员工

松下幸之助曾说："经营者不要心存'支使别人替自己效劳'的心理，而应该设法使部属体会到工作的乐趣。"

不能心存支配他人的想法

每个人都有一段做部属、诚心诚意帮助上司开展工作的职场经历。当你累积了一些工作成绩而受到公司的提拔，有了新的地位和指挥他人的权力后，往往会发现得不到部属的支持与拥护。甚至你费心费力教导他们工作，非但没人感谢，还嫌你要求严格苛刻，随时想找机会扯你的后腿。

身为一位领导者，并不能因此便消极退却，而是要充满勇气，克服一切辛苦，以愉悦的心情去处理它。否则，不但谈不上"用人"，自己的事业也无法完成。

那么，到底要怎样才能解决用人的苦恼呢？

从松下幸之助的从业经验来看，"用人"变成一个苦差事是二战后的事情。在二战前，社会上仍崇信封建式的道德观念，上下阶层划分得很严密。当时，松下幸之助以创办人兼社长身份所说的话，没有人敢提出反对意见。可是，战后整个世界趋向民主潮流，劳工地位提高，劳资问题层出不穷，而社会舆论往往又支持劳工运动，所以形成了一股激进的势力。公司里有很多人都成了工会的成员，他们经常会反对公司的政策，使经营者都感受到了逼人的气势。这时，才使松下幸之助体会到用人的苦处。

开始时，对于这类人事上的困扰，松下幸之助也想不出具体应付的策略。但后来，从和顾客的交往中，松下幸之助领悟了一些较积极的想法，心里才比较舒坦。他认为，用人固然是一件苦差事，但如果把部属当成顾客，就会重视他们——顾客往往有权利提出一些无理的要求，而我们必须尽一切力量使其满意，使他们乐意购买公司的产品。

因此，如果把公司员工或工会的成员都当成顾客看待，即使要求无理，也应怀着感谢的心情去接纳他。

正因为有了这种想法，用人的苦恼自然就降低了。当然这只是松下幸之助个人的自我安慰法。

松下幸之助认为，用人最好不要心存"支使别人替自己效劳"的心理，而应该设法使大家体会到工作中的乐趣，使部属把工作当成自己分内的事。这样一来，就再也没有用人的困扰了。松下幸之助给员工提供的"做主管意识"，的确是非常得体的人性化管理手段。

运用"主管意识"调动他人的积极性

"让员工做主管"是松下幸之助一直提倡的人性化的管理方法。因为每个员工都是独立的老板，同事就是你的顾客，最大的主顾是董事长。

很多人都在公司或工厂服务，领取薪水，这些人都应该认为自己是在公司、工厂中做自己的事业。如果是公司职员，就是在经营事业，你就是这事业的老板。如何使自己的商店发展，就要靠自己创造、自己开发，不能只抱着工薪阶层的想法而终其一生。每个人都是独立自主的人，能共同经营事业、组织公司，是很有意义的。

人人都是独立的老板，以"电话总机"从业员为例，她就是自己在经营电话交换的行业，工作若成功，不但可使客人欢喜，本身也会得到快乐，从而对自己的行业、企业、甚至事业感到有尊严。若不能如此，永远认为自己是受薪阶层，自视处于贫困而凄凉的处境，那将是十分可怜的。

因此，所有人都应自认自己是公司的老板，为了发展自己的事业，对于自己管辖内的事情，要常常用心去设计、计划，促进发展，这样生活才会有充实感，以这种心情来工作必能感到愉快。

在公司内你的客户是谁呢？你的上司、你的同事就是你的顾客。经营小商店如果有客户上门，主人至少会说："请坐。"而后拿出商品说"这东西……""现在正打折，比较便宜""谢谢你"等话语，这多么亲切。

我们何不对我们的同事做类似这样的服务呢？反过来说，你也是你同事的顾客。在一个公司中，有很多这种独立体，如此一来，上班制度就会改变，最大的顾客就是董事长，正因为他会买我们最好的东西，所以才是董事长，这样一来，你一定会引起许多同仁的兴趣与关心。

正因为如此，你已不是在做受雇领薪的工作，而是在经营自己的事业，享受报酬。以这样的想法来看事情，你本身的重要与价值就会显现出来。

如果你陆续提出自己的构想与创意，陆续把它们推销给你的同事、课长、部长，你一定会说："这是好产品，一定对你有好处。""真的这样好吗？""的确如此，请试用看看。"以这样的态度与同事、上司相处，你的创意便被采用了，自己的事业也因此得到实质性的发展。

第四节　用目标来统治人心

在松下幸之助看来，企业的目标是吸引人才的强力磁场，经营者应该找出一个最适合的目标。他曾感慨地说："对领导者而言，最重要的就是确立目标。"

确立目标很重要

1969 年 7 月 20 日，由三位宇航员驾驶的美国阿波罗十一号宇宙飞船成功登陆月球，创下了人类历史上划时代的伟大壮举。在此之前，登陆月球只是人类的梦想而已。这一次登陆月球的成功，是以美国为中心的许多科学家和有关人士呕心沥血的结晶。

这项伟大的"阿波罗计划"是从 1961 年美国肯尼迪总统的声明开始的。当时肯尼迪总统声明："到 60 年代的末期，美国一定要把人类送上月球。"从而确立了人们登陆月球的目标。由于许多人的智慧和力量不断地向着这个目标集中，最后终于通过阿波罗十一号成功登陆月球而实现，可见赋予目标是一件很重要的事情。

松下幸之助说："对领导者而言，最重要的就是确立目标。"领导者本身不一定要具备该项事物的专业知识和技能。当然，肯尼迪总统对于太空船的科学知识和技术的了解也并不丰富，像这种专门知识，只要有专家应对就可以了。可提出目标却是领导者的工作，这项工作除了领导者本身以外，不能靠其他人来进行。目标确立之后，针对这个目标，有知识的人贡献知识，有技能的人贡献技能。各人贡献自己的专长，汇聚各种不同的知识和力量，才能获得登陆月球的伟大成就。如果肯尼迪总统未曾提出过目标，即使再有才华的人，也有无从发挥之感，各种人才的力量也会因分散而被削弱。

所以，领导者应该基于自己的知识或体验，寻找出一个最适合的目标，不断地提示给自己的员工，使他们紧密围绕在该磁场周围团结奋进。也只有这样，企业的利润才会成倍增长，企业的效益才会与日俱增。

领导者必须通过设立一个能够激励人心的目标，来激发每个员工的工作热情，使其形成新的思维方式和行为习惯，从而为企业创造价值。

设定目标是领导者的责任之一，事实上也是首要责任。目标是一个方向舵，它引领着企业发展的方向，激励着员工的奋斗热情。

给他人目标激励

索尼公司开发家用录像机时，就是先寻找和确定目标，然后引导开发。当美国主要的电视台开始使用录像机录制节目时，索尼公司就看好录像机的市场前景，认为录像机完全有希望进入家庭。这种新产品只要从内部结构和外观设计上再进一步加以改进，肯定就会受到千家万户的欢迎。

一个新的目标就这样确立了，公司的开发人员又有了努力的方向。他们先研究现有的美国产品，认为这些产品既笨重又昂贵，这是需要加以改进的具体主攻方向。新的试验样机就这样一台接一台地造出来，一台比一台小巧轻盈，离目标也越来越近。但公司总裁井深大总是觉得他们还可以创造出更好的产品。

最后，井深大拿出一本书，放到桌上，对开发人员说，这就是卡式录像带的大小厚薄，但录制时间应该在一小时以上。目标已经非常具体了。开发人员再一次调动自己的聪明才智，进一步发挥自己的创造力，终于成功研制出划时代的 Betamax 录像机。

目标激励是最大的激励，给员工一个值得为之努力的宏伟目标，比任何物质奖励都更具有激励作用，也比任何精神激励都来得有效。只有当人们明确了自己的行动目标，并把自己的行动与目标不断加以对照，不断缩小到达目标的距离时，其行动的积极性才能得以持续。因此，领导者应正确引导员工，帮助其明确目标任务，让员工在科学的目标指引下，不断实现更大的进步。

有目标的公司对于干出一番事业充满了激情。无论他们是"生来"就那样，还是偶然走上那条路，或是半路觉醒的，人们对成就事业的渴求推动着公司的进步。这就是经商的激情所在。

第五节　让员工发泄不满的情绪

松下幸之助非常重视员工的精神状态。他邀请心理学家进行实验，结果发现，当一个人受到很大的委屈和不公正的待遇时，就会从心里产生出一股"怨气"和"怒气"，这种"怨气"和"怒气"长期积存下来，不仅会影响人的身体健康，而且还可能导致破坏性的严重后果。

把心中的不满说出来

松下幸之助非常重视员工的精神状态。他邀请心理学家进行实验，结果发现，当一个人受到很大的委屈和不公正的待遇时，就会从心里产生出一股"怨气"和"怒气"，这种"怨气"和"怒气"长期积存下来，不仅会影响人的身体健康，而且还可能导致破坏性的严重后果。

松下认为"怨气"和"怒气"只能泄而不能"堵"，更不能采取强制手段压制。于是，松下电器公司设计出了一个"泄气工程"。具体的做法是：在公司门口，备有一个酷似松下幸之助形象的橡胶人，专供有怨气的职工唾骂或踢打，让他们尽情发泄对老板的不满情绪。

为了解决职工之间的各种矛盾和纠纷，日本一家著名的大企

业还设置了一个完善的"泄气工程系统"。这个"系统"由哈哈镜室、傲慢相室、弹子球室、人际关系室、思想劝导室5个泄气室组成。这5个泄气室各自发挥着不同的作用。

在哈哈镜室，当两个怒容满面、气急败坏的职工看到自己扭曲变形的狰狞模样，就会很不好意思，从而产生一些愧意，气也稍稍消了一些，脸色开始"由阴转晴"，有一丝笑意，但双方仍有一肚子的怨气。

进入傲慢相室，室内一个吹胡子瞪眼的橡皮人非常傲慢地看着他俩，工作人员便让他俩拿着橡皮锤子去揍这个傲慢人，以让他俩发泄还未消尽之气。

在弹力球室，工作人员请他俩使劲儿拉开紧紧绑在墙上的连着强力橡皮筋的球，然后快速松开双手，球打在墙上，又立刻反弹回来，正好打在他俩的脸上。这时，工作人员笑眯眯地故意问："痛不痛？为什么痛？"并幽默地告诉他俩，这叫作"牛顿定理"，有作用就有反作用。你去惹人家，人家就会报复你。

人际关系室里，展示出大量人与人和睦相处、彼此关心、亲密友好的事例。两个人逐一观看后，从中受到了生动的教育和有益的启迪，心中的气也跟着慢慢消尽。

最后，企业领导人在"思想劝导室"里微笑着等待他俩。到这时，闹矛盾的职工已提高了认识，觉得吵架是件蠢事，各自作了自我检查，两个人互相道歉，握手言和，重归于好。企业领导人看到矛盾已经解决，就对他俩鼓励一番，并各赠一份礼物。这时，他俩不但"怨气"和"怒气"全消，而且已变得喜气洋洋、笑容满面了。

"把不满说出来"成了松下人的口头禅，也是松下公司的优良传统。因为这个缘故，松下公司的员工在工作中便多了欢乐，少了烦恼；人际关系中便多了和谐，少了矛盾；上下级之间便多了沟通，少了隔阂；公司与员工之间便多了理解，少了冲突。

松下幸之助常常教导他的各级主管，企业不能失去豁达的风气，领导不能没有宽广的胸怀。这一切正如松下幸之助所说："从善如流，才能使企业兴旺。"

领导者要善于倾听下属的抱怨

对于下属抱怨的事，领导者要作出改善的行动，不要拖延，不要让下属的抱怨越积越深。

当下属开始有抱怨、不满，与你有利益摩擦的时候，作为领导者应当充分重视。首先要查明原因。如果下属对薪资制度有抱怨，可能是因为薪资在同业中整体水平偏低或某些职位薪资不尽合理。要找到下属抱怨的原因，最好听一听他的意见。倾听不但表示出对下属的尊重，还是发现抱怨原因的最佳方法。对于下属的抱怨应当做出正面、清晰的回复，切不可拐弯抹角、含含糊糊。

身为领导者，善于倾听下属的抱怨是一种责任，也是考核领导者综合素质的尺度之一，面对下属的抱怨，绝对不可掉以轻心，漠然视之。下属虽然不会因为心存抱怨而愤然辞职，但是他们会在其抱怨无人听取、问题没人考虑的情况下辞职。因为他们感到自己的人格受到了侮辱，因而无法接受。如果你希望下属愉快且满怀热情地工作，就应当花点时间倾听他们的诉说，多花点时间听听员工的心声，对你是有益无害的。

如果认为某人对某一事情表示不满，会对企业和管理部门甚至对你个人极为怨恨，那就大错特错了。抱怨往往是领导者对待下属的方式不当造成的。实际上，正是抱怨和不满才使你意识到企业里可能还有其他人也在默默忍受着、抱怨着同样的问题。这种情况下，生产效率便会受到严重的影响。你的员工常常会对工资、工作条件、同事关系以及同其他部门的关系发出怨言。面对员工的抱怨，你必须谨慎地处理，不可置之不理、轻率应付。

领导者要设身处地地想想员工为什么会产生怨言，尽量考虑问题产生的原因，避免因操之过急而引起矛盾激化。更应当做出一种姿态，即向下属的抱怨敞开大门。即使一时没空，也要约定一个时间让他来说。不要当即反驳下属的怨言，应让他们先吐为快。如果抱怨的对象中有其他的下属，必须同时听取另一方的意见，以便公正地解决问题。如果打算解决问题，请立即采取行动。如果不准备采取行动，也应告诉抱怨者其中的原因。在面对下属的抱怨时，还需要有耐心和自我控制能力。

第六节　工作可以委任但不能放任

最成功的统御管理是让人乐于拼命而无怨无悔，实现这一切靠的就是信任。

——松下幸之助

自我约束，知人善任

经营者必须对任何事的成败负责。所以，他既要充分授权，又要随时听取报告，给予适当的指导。有兴趣才能做得精巧，领导应该把工作交给有兴趣的人去办。这样做，效果往往会比较好。

当然，如果这个人企图利用职权谋利，那么，即使他再三表示愿意承办，也不能答应他。而一旦委任后，经营者发现他的缺点，应该立即矫正，矫正不过来时，则应该及时更换承办人。

换句话说，领导可以委任，但不能放任。松下幸之助认为，经营者应该有"任何事的最后责任都在自己"的心态。一旦有了这种心态，他就会随时关心交代的事情做得怎么样了。虽然委任了，却不断地挂念，会要求对方适时地提出报告，若发现问题，则给予适当的意见或指示。这是经营者应有的态度。

当然，一旦委任了，就不应该过分干涉，要学会宽容，这样才能培养人才。不过，如果发现员工所为与要求不符时，则应该及时地提醒，否则无异于遗弃了自己慎重选择的人才——就经营者来说，这是极不负责任的作风。

另一方面，如果被委任的人观念正确，他对于该报告的事，一定会详细报告。若有人以"既然交给我办，就得一切由我做主"为由而不提出报告，一意孤行，领导者必须派适当的人接替被委任的人。

人才运用得妥当与否，足以决定经营的成败，绝不可马虎。不论用人者或被用者，都应该随时提高这方面的警觉。松下幸之助认为，经营者必须随时认真地检讨，有没有切实做到适才适用。

我国著名的军事家、政治家孙子认为，对于下属不能放任自流，"乱而不能治"。倘若对下属过分放权，过分放纵，就会有严重的后果。领导信任下属与放任下属是两回事，不可疏于管理。

美国前总统罗斯福曾说："一位最佳的领导者，是一位知人善任者，而在下属甘心从事于其职守时，领导要有自我约束能力，不可插手去干涉他们。"日本"经营之神"松下幸之助说："最成功的统御管理是让人乐于拼命而无怨无悔，实现这一切靠的就是信任。"只要他看准的人才，就大胆提拔使用，使他们信心十足地发挥自己的潜力。所以，无论何时何地，信任都是领导者带兵的重要手段。

从羽绒制品的轻纺行业转型到微波炉这个完全陌生的家电行业，格兰仕的成功就在于"信任"两个字。为了聚拢一批微波炉行业的专家、行家，总裁梁庆德"五顾茅庐"——五上上海，用真诚感动了上海无线电十八厂的几位工程师加盟格兰仕，而且在工作中梁庆德对他们的态度更是"疑人不用，用人不疑"。比如现在的副总裁陆荣发一到格兰仕，梁庆德就责成他全权负责引进一条价值1000多万美元的生产线。信任，凝聚了格兰仕管理层的战斗力，带出了一支两万多人组成的同心同德、冲锋陷阵的攻坚队伍。

在一个团队里，成员间相互信任，彼此信赖，心往一处想，劲儿往一处使，工作就会充满生机和活力。因此，领导者一定要信任下属。既然用了某个人，就应该"用人不疑"——大胆地放权给他；就应该允许"君命有所不受"——放手让其自主处理各种事务。

当然，对放任最好的预防就是监督。有些企业领导向下属交待工作时喜欢说："这项工作就全拜托你了，一切都由你做主，不必向我请示，只要在月底前告诉我一声就可以了。"这种授权无疑是在暗示下属：无论我怎么处理，企业领导都无所谓，可见他对这项工作并不重视。就算是最后做好了，也没什么意思。领导把这样的任务交给我，不是分明在小看我吗？

培训专家郑直老师说，企业领导不负责任地放权，不会激发下属的积极性和创造性，反而会适得其反，引起下属的不满。高明的授权是既要下放一定的权力给下属，又不能给他们以不受重视的感觉；既要检查督促下属工作，又不能使下属感到有名无权。

一手软、一手硬、一手放权、一手监督，只有这样，企业领导才算深谙放权之道。企业领导的用人原则应当是：力戒没有信任的委任，力戒没有责任的委任。唯有信任的委任，才切实可行。

信任不等于放任

信任不等于放任，从某方面讲，信任是领导对下属品质、能力的充分肯定，让他按照制定的原则自己行事，但是这绝不意味着让那些不具备良好品质和突出能力的下属任意为之，以至于破坏企业形象。因此，信任是一种理解和依赖，放任则是一种散漫和纵容。作为企业领导应当记住这一点，切忌混淆了两者的关系。信任下属是必须的，但不要过份，走上另一个极端——放任。信任不是放任，信任能把事情做好，放任能把事情毁坏。作为领导，这一点一定要明白，否则，你只能失去领导者的形象。

在春秋战国时期，齐桓公得到了管仲的辅佐，使得齐国实力越来越强大，因此，管仲的地位直线提高，成为齐桓公的宠臣，更是被尊称为"仲父"。齐桓公觉得，他给予管仲的权力不大，所以想给予他更大的权力，于是就向各位大臣说道："管仲的才能你们都看到了，我打算给予他更大的权力，赞成的话就站在寡人的左边，不赞成的话就站在寡人的右边。"

所有的大臣都作出了选择，只有大臣东郭牙站在中间，齐桓公觉得很奇怪，于是询问原因，东郭牙说道："大王觉得管仲可以靠着他的智慧平定天下吗？"

齐桓公点头回答道："当然可以。"

东郭牙继续问道："那管仲具备成大事的决断能力吗？"

齐桓公想都没想就点头了。

东郭牙最后说道："既然大王认为他有平定天下和决断大事的能力，那还不断地去扩大他的权力，难道您不认为他是一个危险的人物吗？"

齐桓公沉默了一会儿，觉得东郭牙的话很有道理，于是就让鲍叔牙、隰朋等人与管仲同列，牵制管仲。

授权给自己的下属，让下属替代自己行使职权，做到充分放权是好的。但授权不是盲目的，有时候管理者授予下属太多的权力，会让下属内心膨胀，对权力更加渴望，造成企业管理混乱的局面。

我们都说治理企业和治理国家差不多，在历史上，很多君王因为授予下属太大的权力，导致自己的皇位被篡夺。在企业内也有类似的状况，联想前执行董事就遇到过这样的问题，因为给予下属太大的权力，导致下属私欲膨胀，想要的越来越多，企业出现拉帮结派的现象，给管理带来弊端。

企业管理者应该明白，授权给下属不等于放任自流，那该如何保证权力发挥积极的一面呢？答案就是监控。管理者应该建立科学的监控方法，并且不断地完善管理体制。对于那些因为权力过甚而放纵的下属，绝对不能姑息，需要采取措施，果断处理。

摩托罗拉是知名电子企业，其总裁高尔文就曾经犯下过因为授权而放任自流的错误。因为高尔文给下属充分授权，放手让下属去做事，对下属又缺乏必要的监控措施，导致企业付出了惨重的代价。

> 高尔文是摩托罗拉创办人的孙子，他性格温和，待人宽厚，在下属心中印象极好，同时也是下属们公认的好领导。在 1997 年的时候，高尔文担任了摩托罗拉的总裁。那时候高尔文的管理理念是：作为一个企业的高级主管，想要看到下属们发展，就绝不能束缚他们的手脚，需要给予他们充分的权力，让他们无后顾之忧，大胆地去做，大胆地去尝试。
>
> 但是，市场是残酷的、现实的。自 2000 年以来，摩托罗拉的市场占有率、股票市值、公司获利能力都直线下降，摩托罗拉在手机产业的占有率只有 13%。作为曾经的手机行业龙头老大，现在的业绩下滑得让人惊讶。摩托罗拉与诺基亚相比，悬殊太大。更让高尔文没有想到的是，在他 2001 年上任总裁的第一季度，创下了首次亏损的纪录。美国《商业周刊》对高尔文的领导能力进行了综合打分，结果分数低得可怜。
>
> 高尔文对下属实行充分授权的措施是积极的，但是他的错误就在于没有对下属行使权力进行科学监控。除此之外，高尔文放

手尺度太大，没有掌握公司的经济状况和财政状况。企业高层主管一周一次的会议，他改为一个月一次，给下属的电子邮件中，大都讲的是如何平衡工作和生活，没有关注企业销售额的问题。

高尔文有时候发现下属的做法不对，也不愿意去干涉，处处为下属的面子着想，给予了下属太多的权力，最终由不干涉升级到了放纵的程度。

曾经，摩托罗拉准备推出一款叫作"鲨鱼"的手机，准备进军欧洲。在讨论"鲨鱼"手机的会议上，高尔文了解到欧洲人喜欢轻巧、简单的机型，而"鲨鱼"手机与其他手机相比较，机型过于笨重。高尔文就问高层员工："市场调研结果真的支持这个项目吗？"

销售主管说："是。"之后高尔文没有做进一步的讨论，就让经理人推出了"鲨鱼"手机，结果"鲨鱼"手机在欧洲的市场上昙花一现。在变化万千的科技产品市场上，摩托罗拉公司犯下了一个错误，就是因为不假思索，对手下的权力过于放纵，任其发展，才导致业绩下滑，掉下了龙头老大的位置。

直到2001年初，高尔文才意识到问题的严重性，如果再继续放任下去，很有可能会让摩托罗拉面临死在沙滩上的厄运，于是高尔文开除了首席运营官，对内部进行调整，要求6个事业部门，所有的问题都得向他报告，他也开始每周和企业的高层开会。

高尔文对"授权"加强了防范和监控，力挽狂澜，后来终于见到了一些成效。

可以说高尔文在这几年里是吃一堑、长一智。在重大的损失中，他意识到授权不等于放任自流。作为一个企业的管理者，可以对下属适当地放手，前提是要掌握科学的监控方法，防止权力肆意发展。

管理者给予太多权力给下属，企业很有可能上演"狐假虎威""狗仗人势"的故事，下属会因为权力而自以为比其他同事高上一截，由于虚荣心作祟，会对同事的工作指指点点，给予过分批评，最终会让普通员工不满，与被授权人形成一种敌对的状态。如此，员工还能安心、忠心地为企业奉献吗？

企业管理者要懂得权衡权力，不能太过放纵下属的权力，否则会给企业埋下一颗定时炸弹。如果企业管理者盲目地给予下属权力，只会让下属为所欲为，给企业带来一发不可收拾的局面。授权不等于放任自流，对下属的权力进行科学监控是避免企业出现不和谐的有效手段，同时也能提升企业的整体实力，为企业营造出一个完善的管理机制。

第七节　用使命感来凝聚人心

松下幸之助说过："公司要将使命感视为基础来经营，才会有发展的希望。" 当你选择了一种职业、一个公司，就应该对这种职业和公司满怀同舟共济的集体精神，并将其付诸实际行动。倘若只抱着大概会赚钱而试试看的心理来组建公司，是绝不会成功的。

用使命感加强凝聚力

松下幸之助从事商业活动已有数十年，他将这种同舟共济的集体精神一天天地巩固起来，5 年、10 年、13 年，到了第 13 年，才真正明白公司的使命到底在哪里，并且以此使命感为基础加强经营。

当公司的员工渐渐增多时，他们各有各的想法，然而在他们的脑海中，对公司的使命和共同的信念仍然存在。所以，才出现一股很强的原动力来推动公司的发展。

随着公司继续发展，员工不断增加，公司的事情已不能将它视为私事。其举手投足之间，无论是好是坏，都足以影响整个行业，甚至整个经济界，更甚至整个社会。

公司的正确经营方针常常能将集体联结在一起，而社会也会受到其恩惠。假如拥有这么多员工的公司有了违背社会安定繁荣的想法——即使在不稳定中有了这种想法，社会问题也会变得更严重。

如今经营者的社会责任可以说是一天比一天地加重了。也只有有了这种社会责任感，才会用共同的事业将经营者与员工联系起来，共同完成企业的使命。

2002 年的一天，位于武汉市中心的景明大楼的业主收到了一封来自英国某设计所的挂号信，信中写道："景明大楼为本建筑设计事务所设计，设计的安全年限为 80 年，现已超期服役，敬请业主注意。"

2005 年的一天，广州市市政部门也收到 50 多年前为广州海珠桥提供钢材的一家英国企业的一封来信。信中说："修建海珠桥的钢材已经有 100 年的历史，接近使用寿命，建议进行检测，并根据测试结果进行加固。"

原来，海珠桥是 1950 年由广州市政府着手重建的，所使用的钢材是从当时英国的一座旧钢桥上拆卸下来的，所以就其寿命计算，估计已有 100 年了。

这两封非常有意思的陌生来信体现了英国人强烈的责任意识。100年前，这两家英国机构参与了这两个建筑的建设，过了将近一个世纪，它们依然为此事负责，这就是百分之百的负责任。

责任是不分大小的，一丁点儿的不负责，就可以使一个百万富翁很快倾家荡产，而多一分责任心，却可以为一个公司挽回很多损失。

有一个主管过磅称重的小职员，由于怀疑计量工具的准确性，自己动手修正了它。这位小职员并没有因为计量工具的准确性属于总机械师而不是自己的职责就不闻不管，听之任之。正是小职员的这种责任心，为公司挽回了巨大的损失。

对自己的行为负责

企业在衡量一个人能否被委以重任时，除了考察他的能力以外，另外一个考察的重点，就是遇到问题的时候，他能否承担责任。

约翰和戴维是速递公司的两名职员，他们俩是工作搭档，工作一直很认真，也很卖力。上司对这两名员工很满意，然而一件事却改变了两个人的命运。

一次，约翰和戴维负责把一件很贵重的古董送到码头，上司反复叮嘱他们路上要小心，没想到送货车开到半路却坏了。如果不按规定时间送到，他们要被扣掉一部分奖金。

于是，约翰凭着自己的力气大，背起古董，一路小跑，终于在规定的时间赶到了码头。这时，戴维说："我来背吧，你去叫货主。"他心里暗想，如果客户看到我背着古董，把这件事告诉老板，说不定会给我加薪呢。他只顾着想，当约翰把古董递给他的时候，一下没接住，古董掉在了地上，"哗啦"一声，古董碎了。

"你怎么搞的，我没接你就放手。"戴维大喊。

"你明明伸出手了，我递给你，是你没接住。"约翰辩解道。

他们都知道古董打碎了意味着什么，没了工作不说，可能还要背负沉重的债务。果然，老板对他俩进行了十分严厉的批评。

"老板，不是我的错，是约翰不小心弄坏了。"戴维趁着约翰不注意，偷偷来到老板的办公室对老板说。老板平静地说："谢谢你，戴维，我知道了。"

老板把约翰叫到了办公室，约翰把事情的原委告诉了老板。最后说："这件事是我们的失职，我愿意承担责任。另外，戴维的家境不太好，他的责任我愿意承担。我一定会弥补我们所造成的损失。"

约翰和戴维一直等待着处理的结果。一天，老板把他们叫到了办公室，对他们说："公司一直对你俩很器重，想从你们两个当中选择一个人担任客户部经理，没想到出了这样一件事，不过也好，这会让我们更清楚哪一个人是合适的人选。我们决定请约翰担任公司的客户部经理。因为，一个勇于承担责任的人是值得信任的。戴维，从明天开始你就不用来上班了。"

"老板，为什么？"戴维问。

"其实，古董的主人已经看见了你们俩在递接古董时的动作，他跟我说了他看见的事实。还有，我看到了问题出现后，你们两个人的反应。"老板最后说。

任何一位老板都清楚：一个能够勇于承担责任的员工对于企业有着何等重要的意义。问题出现后，推卸责任或者找借口，都不能掩饰一个人责任感的匮乏。

在工作中承担责任，并把它当成一种习惯去培养并固定下来，一旦出现问题，就敢于担当，并设法改善。慌忙推卸责任，只会伤害公司和客户的利益，同时，也会伤害到自己。绝大多数老板都不愿意让那些习惯于推卸责任的员工来做他的助手。在老板眼里，习惯于推卸责任的员工是不可靠的。

在工作中承担责任，就要说到做到，老板布置了任务，你一旦接受下来，就一定要交给老板一个满意的答案，这就是承担责任最基本的要求。在执行中，不要以为自己不做会有人来做；也不要以为自己有丁点儿不负责不会被人发现，不会对企业有什么影响；更不要只注意数量而不在意质量，草草地完成任务。

对自己的行为负责，就是对公司和老板负责、对客户负责，这才是真正成熟的员工。也只有这样的员工，才能在公司中有所发展。这是每一个企业都期望员工做到的。

第 7 章

经营场上的魔术手

经营必须面对经常性的变化，影响经营的社会情势、经济情势时时刻刻都在转变，为了顺应这些变化必须有远见，在变化发生前做好准备。因此，经营和绘画根本上是大异其趣的，画作有完成的一天，经营则永无止境，必须不断地成长发展。因此，经营的过程就是一件艺术品，经营是活生生的、追求进步的综合艺术。

第一节 "自来水"经营法

所谓"自来水哲学",是松下幸之助对企业使命的比喻。对于这一使命,最简单的表述,就是消除世界贫困,使人类走向繁荣和富裕。

松下电气器具制作所创立于1918年3月7日,但是,松下幸之助却把公司的创业纪念日确定在1932年的5月5日。原因只有一个,那就是在这一天他提出了著名的"自来水哲学"。

在松下幸之助看来,企业精神的重要性远远大于企业的形体。尽管松下电器已经运行了十几年,但是,在"自来水哲学"诞生前,它与其他企业一样只是个普通的制造商而已。直到这一天,在松下幸之助脑海中长期盘旋、苦苦思索的问题——"什么是企业的使命?"终于有了答案——物美价廉和不虞匮乏的供应是企业界共同追求的目标。

自来水哲学

一个炎热的夏日,松下幸之助在大阪天王寺附近的一条街上走着。那一带的人家门前装有共用的自来水。这时有一个拉货车的人走过来,坐着抽了一支烟后,拧开水龙头,先喝一口漱口,然后喝起自来水解渴。自来水并非不要钱,由天然的河水经过水厂加工之后,才能成为饮用水,所以要付水费。但现在这个人未征得所有人的同意，便擅自饮用有价之物，却没有人阻止他，也没有人责备他或者说他偷窃了别人的物品。为什么？任何一种制品，大量生产近乎无限的时候，这种东西就像不要钱似的了。

松下幸之助认为，我的工厂生产的电冰箱、电风扇和洗衣机要是都像自来水一样大量供应，并且价格低廉，对人们而言无疑将是福祉。如果不是我一家公司，所有的企业生产的食品和衣料等民生必需品都像自来水似的，社会上就不会有贫困，不会有饥饿和寒冷了。

使物价日渐低廉虽然不容易，但它是产业界共同追求的一个目标。只是这件事不能光靠日本来推行，必须靠全世界共同的力量，使物价降低，然后变成一个富足的世界——生产的使命就在这里。事实上，自来水不是已经这样普遍而廉价了吗？这就是松下幸之助的自来水哲学。

所谓"自来水哲学"，是松下幸之助对企业使命的比喻。对于这一使命，最简单的表述就是消除世界贫困，使人类走向繁荣和富裕。松下幸之助说："企业的使命究竟是什么？一连几天我思考这个问题直至深夜，终于有了答案。简单来说，就是消除世界贫困。比如说，水管里面的水固然有它的价值，然而喝路边的自来水不用付费也不会受到责备，因为水资源相对丰富。企业的责任不正是让世界物资丰富以消除一切不方便吗？""经营的最终目的不是利益，而是将寄托在我们肩上的大众的希望通过数字表现出来，完成我们对社会的义务。企业的责任是把大众需要的东西变得像自来水一样便宜。"用松下幸之助的话来表达，经营就是从"无"当中制造"有"，通过生产活动带给所有人富足丰裕的生活。

从本质上看，"自来水哲学"就是通过工业生产手段把原来只能供少数人享受的奢侈品变成普通人都能享受的廉价品。企业经营者的眼睛要盯住人们追求生活进步的欲望，而不是盯住顾客的钱袋。市场是靠物美价廉的产品创造出来的，而不是靠对经销商回扣打折算计出来的，更不是靠坑蒙拐骗欺哄顾客推销出来的。

由此，奠定了松下电器公司经营的基本方针：质量必须优先，价格必须低廉，服务必须周到。正是这种经营方针，使松下电器公司得到了顾客的信赖，渡过了一个又一个难关，逐步走上壮大之路。

"自来水哲学"的诞生本身就是松下公司此前经营经验的积累和升华。

1927 年，松下幸之助首次成立电热部，计划生产电熨斗。当时全日本电熨斗每年销量不超过 10 万个，每个价格在 4 日元～5 日元。松下幸之助认为："这么方便的东西，却因为价钱贵，很多想用的人都买不起。因此，只要降低价钱，就会有许多人去买。如果很多人要买，乍看起来月产 1 万个似乎多了，但实际上能够卖出去的先决条件是降低价格，使大家都能买得起。"于是他决定，以大量生产来降低价格，每月生产 1 万个，销售价格为 3.2 日元，结果大获成功。这一案例几乎就是美国福特 T 型车的日本翻版。所以，美国的媒体报道把松下幸之助和亨利·福特相提并论。对此，松下幸之助自己总结说："生产大众化的产品时，不但要具备更优良的品质，售价也要便宜至少三成以上。"

"自来水哲学"在松下幸之助的年代具有巨大的威力，它势必会把松下公司带到规模化经营的道路上。家用电器在日本乃至全世界的迅速普及，松下公司功不可没。美国的穷人也能开汽车，归功于当年的福特；当今的乞丐也能看电视，则归功于当年的松下幸之助。

在模仿中创新

这种自来水哲学使松下公司的经营特别注重顾客导向，关注大众的需求。松下公司在产品开发上以模仿为主，走短平快路线。一旦发现某个有前景的新产品，就会拿过来，做出比别人甚至比原发明者质量更高、价格更低的"新产品"。"模仿中的创新"使松下公司取得了经营上的成功。它的产品一般都具有批量大、成本低、质量高、服务好这四个特征，能够赢得较高的市场份额。但是，在真正的原创上就略逊一筹。引领产业先锋的原创型创新会受到"自来水哲学"的局限。

松下公司研制计算机的例子就是一个很好的说明。在计算机刚刚兴起时，松下公司也致力于计算机研发。到 1964 年，松下公司已经在计算机工业上投入了十几个亿，包括松下在内的 7 个计算机公司出资 2 亿，成立了日本电子工业振兴会，共同进行计算机开发。但是，美国的大通曼哈顿银行副总裁在同松下幸之助聊天时说到，世界各国的计算机制造商都经营不善，美国也只有 IBM 一家在继续，连 GE（美国通用电气公司）都力不从心，日本有 7 家厂商是不是太多了。

松下幸之助果断决定，顶住舆论压力，放弃计算机。在松下幸之助眼里，果断舍弃成本过高的项目是经营的明智之举。然而，这种舍弃有可能把未来的前景也一并放弃掉。进入 21 世纪后，松下公司在经营上出现的种种问题，甚至一直不能摘掉"仿制大王"的帽子，与这种"自来水哲学"密切相关。

但是，要说"自来水哲学"已经过时，似乎还为时过早。尽管现在的松下公司已经有限度地改变了松下幸之助当年的经营策略，然而，"自来水哲学"中蕴含的服务思想、顾客至上观念、推动社会走向繁荣和富裕的愿望并不过时。继承松下幸之助创立时的理念，改变松下幸之助过去的策略，这二者并不矛盾。我们要思考的，恰恰是理念和策略之间的关系。"自来水哲学"的深层价值，在于把企业使命最终定位于社会责任上。

第二节 "水坝式"经营法

修筑水坝的目的是拦阻和储存河川的水，因季节或气候的变化，经常保持必要的用水量。如果公司的各部门都能像水坝一样，即便外界情势有所变化，也不会受很大的影响，仍能维持稳定的发展，这就是"水坝式经营"的理念。

要有"水坝式"经营理念

松下幸之助认为，企业经营同样也需要这种调节和启动机制。水坝是用于抵御自然灾害的，而将其原理用于企业，则可应付突发变故和经济萧条。

如果公司的各部门都有自己相应的"水坝"，即使外界情势发生很大变化，公司也能维持稳定和发展。经过松下幸之助的启发、诱导，松下电器公司各部门都建起了自己的"水坝"，这就是"资金水坝"。

比如，经营一个需要 10 亿日元资金的事业，如果只准备 10 亿日元，万一发生事情，10亿日元不够，问题就不能解决。所以需要10亿日元时，最好准备11亿日元或12亿日元的资金，这便是"资金水坝"。

设备、资金、人员、库存、技术、企划或新产品的开发等，各方面都必须用水坝式的经营方法来发挥功能。也就是说，经营上的各方面都要保留宽裕的运用弹性。

如生产设备使用率如果不能达到100%，就会出现赤字，那是很危险的。换句话说，平时即使只运用80%或90%的生产设备，也应该有获利的能力，只有这样，在市场需求增加时，由于设备有余，才可以立刻提高生产量，达到市场的要求，这便是"设备水坝"充分发挥了功能。

不管怎样，公司如果能随时运用这种水坝式的经营法，即使外界有变化，也一定能够迅速而适当地应付这种变化，维持稳定的经营与成长，这就像水坝在干旱时能借泄洪来解决水源短缺一样。

在心理上树立"水坝意识"

大家需要明确的是，"设备水坝"或"库存水坝"并不是所谓的设备闲置或库存过盛。如果一个企业预估它的销售量，并依据这一预测来购置设备和决定生产量，却因为卖不出去而有库存，设备也没有完全利用，这和"水坝式经营"是根本扯不上关系的。这是估计错误造成的，这种剩余是不应该发生的。松下幸之助提出的水坝式经营是基于正确的估计，事先保留10%或20%的准备。

在各种水坝式经营中，最应具有的就是"水坝意识"，也就是在心理上要树立这种意识。如果能以水坝意识去经营，就会配合各企业的形态而拟定不同的"水坝式"经营方法。

松下幸之助认为，只要能遵循这种方法，随时做好准备，能宽裕地运用各项资源，那么企业不论遇到什么困难，都能长效而稳定地成长。

"设备水坝"即设备使用率不要达到 100%，且不可做超过设备能力的运营，也就是用大马拉小车。保有 10% ~ 20% 的设备能力，就能在产品市场反应良好时迅速作出反应，满负荷运营，以应急需。

"库存水坝"。即要有适量的原材料和能源库存，以应对因原材料减少、能源供应紧缺等原因造成的减产。

"新产品水坝"。在新产品投入市场的同时，其换代产品已经研制定型并等待投产，另有更新的第三代产品已经投入开发。

总而言之，松下幸之助要求公司的各部门不论干什么都要宽打窄用，留有余地，不能吃光用净，要有储备。除了这些有形的"水坝"外，松下幸之助尤其倡导建立无形的"水坝"。他要求各部门领导者要有超前意识，未雨绸缪。商场如战场，情况瞬息万变，经常处在有准备的状态，方可遇事不惊，游刃有余。

这就是松下幸之助的水坝式经营法。只有遵循这种经营方法，随时做好准备，宽裕地运用各项资源，不论遇到什么困难，企业才能长期而稳定地发展。

第三节 "玻璃式"经营法

玻璃式经营法，要求企业对内对外都要增强透明度，也就是坚持开放式的经营、公开化的经营原则。

开放，公平，公正

玻璃式经营法主要包含下面几点：

"目标公开"。松下电器公司在每一年的1月份定期召开全体从业人员大会，发布公司全年的经营方针，每个月各事业部又都有自己的部门经营计划。这样一来，公司的每个员工对全年应达到的计划指标、每个月应完成的进度了如指掌，上下同心，为完成共同的目标而努力。

"经营公开"。有些经营者，总是把经营实情有意无意地掩盖起来，不论好坏，都是如此。在他们看来，工人知道这些有什么用？其结果必然是老板一个人冲锋在前，员工作壁上观。松下幸之助则不是这样，他把喜讯告诉员工，请大家分享成功的快乐；他把困难告诉员工，与员工共渡难关。在员工眼里，劳资双方不是对立的，彼此信任，事情自然好办得多。

"财务公开"。这是企业中最为敏感的问题，全面公开账目，告诉员工公司或部门的收支情况，资金使用情况。诸如多少留作福利基金，多少留作企业发展基金，多少用于员工薪金……如此做法，一可以培养职工主人翁精神，二可以在公司遇到困难而不得不压缩某些非生产性开支时得到员工的理解和支持。

松下幸之助在解释公司实行"玻璃式经营法"的目的时说："为了使员工都能抱有信任的心情和负责的工作态度，我认为采取这种经营法确实比较理想。公开的内容不只在财务，甚至是技术、管理方针、经营实况，都应尽量让公司的员工了解。"

这就是松下幸之助的"玻璃式"经营法。用他的话说就是：

"企业的经营者应采取民主作风，不可以让部下盲目服从并对上司心存依赖。每个人都应以主人翁的心态，在负责的条件下独立工作。企业家有义务让公司的每一个员工了解经营中所有的实际情况。一个现代的经营者必须做到宁可让每个人都知道，不可让任何人心存依赖。这样才能激发全体员工的工作热情，推动整个事业发展。"

在松下幸之助只雇佣七八位职员的时候，每个月都与公司会计做公开的结算，并将结算的结果向员工公开展示，这就是所谓的"玻璃式"经营法。

公司的员工都很赞成这种做法，而且每次看到公示，都会很兴奋地想：下个月非加倍努力工作不可。由于这种热烈的气氛推动，公司的业绩自然步步攀升。所以，在另设分公司时，松下幸之助也考虑到，本公司已经实施经营公开的态度，那么分公司也应该独立自主，也让他们公开结算。

为此，以后他们再向松下幸之助汇报时会说："本月份赚进了这么多，这是明细账目。"松下幸之助就说："那太好了。"或者，他们说："这个月，只有这些利润。"那松下幸之助就会说："这个月业绩太差劲了，你得检讨一下了。"

可见，"玻璃式"的经营方法不仅可以提高公司员工的工作意愿，更可以栽培出经营事业的干部来。

对他人要敞开心扉

企业经营的过程中，必然会涉及技术、财务等敏感问题。通常，大多数企业家是不太可能公之于众，让他的员工了然于心的，他们采取的往往是秘而不宣的态度。而松下幸之助不仅在创业初期向员工公开了技术，后来他还不断地公开了各项状况，包括财务、经营方针、经营目标、经营实况等。中年的松下幸之助把他这种公开透明化的做法概括为"玻璃式经营"，后人已经把它上升到一种哲学的高度。松下幸之助认为，这种"玻璃式经营"方法其实不单单是技术等方面的问题，也可以借此培养员工相互之间的信任感、主人翁精神，还有独立意识。

在创业初期，松下幸之助等人曾经苦苦摸索合成材料的配方，受尽了磨难，后来是得到一位昔日同事的帮助才圆满解决的。到了自己招收员工生产时，他却把这种费尽苦心得来的，在别家公司被视为"最高机密"的配方、技术等，通通告诉工人。

一位同业得知此事，警告松下幸之助说："松下君，你把这样机密的事情教给才进来一天的人，就等于把秘密公开了。这等于是自己给自己制造同业的竞争，将来会受害的。你要多多考虑才是！"松下幸之助则不以为然："我认为不必那样担心。告诉他们这是机密，不能向外泄露，就不至于出现你说的那种事情了。"因为松下幸之助觉得：如果当作最高机密，自己就需要在制作流程中花去许多精力，从经营的角度讲并不合算，因而不如把这些讲给每一个工人，由此可以更经济、更灵活有效地使用人力。

松下幸之助公开机密，不仅仅是如何看待技术情报的问题，而是把技术和用人、育人联系了起来，借此培养员工之间的信赖感。后来的结果证明，这种不同寻常的做法是不错的选择。由于彼此之间的信任，松下幸之助的这种公开性用人方针不仅没有泄露机密，相反还团结了人、活用了人，使他在用人这方面比别的企业顺利得多。

松下幸之助在早期创业时期不仅公开产品制作的技术，而且在工厂还只有几个人的时候，他每月都和公司的会计做公开的结算，把结算的结果向大家公布。这种方法激发了员工的进取热情。大家听到这种结果，都兴奋地认为，这月如此，下月应该更加努力。由于这种经营方法的成功，松下在设立分公司的时候也仍然采取这种方式，让分公司、事业部也公开企业的情况。

不仅如此，松下幸之助还进行了财务公开。财务公开，是现代股份公司不言而喻的事情。松下幸之助在经营小型私人公司的时候，就全面公开财务，清晰明白地告诉大家赚了多少，多少留作个人所用，多少作为工厂的资本储存起来等。松下电器成为股份公司以后，更是每年公开结算，不仅对内公开，而且对社会大众也公开。一切都让全体员工知晓和共同承当。

中年的松下幸之助，曾经对这种方针加以总结，命名为"玻璃式经营法"，它被视为松下电器公司的主要经营法则之一。

"玻璃式"公开经营法则更重要的内容是经营目标和经营实况的公开。关于经营目标，除了每年每月的以外，松下幸之助还公布过一个长达 250 年的远景规划。在 1933 年松下电器公司的创业纪念日讲话中，松下幸之助详述了实现自己经营理念的设想，讲话概要如下："从今天起往后算250年，作为达成使命的期间。把250年分成10个阶段。再把第一个25年分成三期，第一期的10年，当作建设时代。第二期的10年，当作活动时代。第三期的5年，当作是贡献时代。以上三期，第一阶段的25年，就是在座的各位所要活动的时间。第二阶段以后，由我们的下一代，用同样的方法重复实践。第三阶段，也同样由我们的下一代，用同样的方法重复实践。依此类推，直到第10个阶段。换句话说，250年以后，要把这个世界变成一片物质丰富的乐土。"

当时，员工听了松下幸之助的演讲，纷纷上台发言，群情振奋，士气高昂。可见，这种公开目标是可以唤起员工的责任感和工作热情的。

经营实况公开的要点，则是既报喜又报忧，绝不把经营实况掩盖起来。经营实况好的时候，把喜讯带给员工，和大家一起分享成功的喜悦；经营状况不理想的时候，把问题摆出来，依靠集体的力量共渡难关。

第四节 "对症下药"经营法

经营能力的大小和店面的大小毫无关系。大商场有大商场的优点，小商店有小商店的特色。小商店发挥自己的经营特色，以此赢得顾客，就不怕被大商场挤垮。

有的放矢，事半功倍

人的类型不同，管理也不同。首先，我们来看看松下幸之助是如何管理知识分子这个重要群体的。大家都知道，80%的物质增长靠科学技术取得，而科学技术的推动在很大程度上是靠知识分子，因此发达的国家和地区对于知识分子都特别重视，并将轻视知识分子视为一种愚昧的表现，但是要想让知识分子充分发挥才能，就要采取十分科学的管理方法。

知识分子往往习惯于自由劳动，其产生的成果大小很难衡量，要是对他们安排不当，可能起的作用还不如一名普通的工人，但是若安排妥当，则会产生巨大的成果。对于他们的管理，最重要的就是适才适用，要让其从事专长的工作。对于肩负重任的高层领导者，不要用命令式或指令式的语气与知识分子交谈，指挥其该做什么，而要采用带有征询意见式的探索方式。

世界上没有全才，更多的知识分子都趋向于高度专业化。对于知识分子应当有全面的认识，不要先入为主地认为知识分子有文化，应当什么都能干，而后又觉得他一钱不值，什么也做不了，这是很片面的看法。要多考虑这个知识分子在什么情况、什么职位中能够发挥出自己最大的才能，多思考他们才能的差异性，以便适才适用。

说完了知识分子，现在来看看职工的问题。重复性的生产劳动，如春去秋来地开车床、银行职工年复一年地画几个阿拉伯数字在顾客的存折上……这些确实对社会建设是不可或缺、完全必要的，但这种重复容易使人产生厌倦，进而产生消极怠工行为。那么，作为领导就要重视职工劳动的丰富化，不断地为这种习惯性工作增加挑战，使员工产生成就感，为工作注入新的活力。

最后，来看看如何对企业中的年长者进行科学管理。年长者是社会的宝贵财富，各行各业的老人，他们都有特殊的用途，因此要很好地让他们在合适的舞台上发挥余热和光辉。经验、成熟、老练、沉着、稳重，这是年长者的绝对优势，在复杂局势面前，他们往往能看得深远、能觉察关键和全局。

对于年长的科技人员，通过著书立说、总结经验而将宝贵的知识财富留给后人；对于体力劳动的年长者，很多是有丰富技能的高手，被新的企业聘用之后，能很快发挥出效力。同时，用年长者的耐心、吃苦耐劳、默默无闻、兢兢业业的工作作风来潜移默化地影响年轻人也是会有不错的效应的。同时，让年长者参与技术攻关，在遇到难题时，请他们出谋划策；或是由他们负责某些特殊使命的工作；或是让他们传授历史知识、鼓舞士气的工作；或是让他们现身说法地示范；等等，这些都是可以发挥年长者余热的方面。

在一个组织或企业中，起用经过挑选的少量老年人是很有必要、很有优势的，重点在于要恰当、合理地使用。

为培养高级经营人才，松下幸之助创办了"松下政经塾"，这间学院的课堂主要是各种经营实体。

对症下药

一次，松下幸之助要求塾生对两个不景气的企业进行调查，然后作出自己的分析和建议。这些塾生不负重托，不久就拿出了各自的方案。

第一家公司是一间毛巾制造厂，在今治市。日本的爱媛县今治市是生产毛巾的集中地，全国毛巾的半数以上来自该市。但近年来由于发展中国家毛巾的冲击，市场趋于饱和，生产无法增加，出现了产业结构性质上的困难。这家工厂由于产量下降，推销困难，被迫减价销售，再加上原料涨价，已经出现赤字经营，难以为继。

对于这间公司，学生做出的对策是努力发展业务。具体包括：除价格竞争以外，在交货日期、质量、售后服务方面也都要加强，同时加强产品设计以推出新产品，并主动上门。

松下幸之助对这位塾生的评语是：应透视社会变迁的事实，开拓新的业务，不失为上策。松下认为，这种产业结构性质的困难不是一家一户的努力就可以解决的。社会生活日新月异，产业结构随之变化是不可避免的。对于这种事实，人们必须心甘情愿地接受，毛巾业的情形就是如此，好转的可能性是极其微小的。因此，能够及时顺应产业结构的变化并做出调整当是上策。

另一家公司是一间小商店，这家小商店在千叶县的船桥市。由于该市大商场不断涌现，已达 50 多家，小商店受其压迫，日子越来越不好过，经营难以为继。

对于这间小商店，塾生的对策是争取客户的信任，信誉第一。或许大商场刚开业的一小段时间会影响小商场的顾客量，但过些时间就不是如此了。因此，小商店应该美化店前环境，礼貌待客，周到服务，以诚恳、实在的经营方法为基础。做到了以上数点，小商店照样可以运营得很好。

松下幸之助的评语是：经营能力的大小和店面的大小毫无关系。大商场有大商场的优点，小商店有小商店的特色。小商店发挥自己的经营特色，以此赢得顾客，就不怕被大商场挤垮。

同样是不景气，松下幸之助却给出了两个药方。这药方是建立在对形势的深入分析和对经营的深切了解之上的。可以看出，松下幸之助的两个药方都是可以治病的。

第五节 "急流勇退"经营法

学会适时的后退才能获得从容。急流勇退不仅是一种做人的豁达态度，同样也是一种经营方法。

适时后退能让自己更从容

西汉时期有个叫疏广的人，他年轻时勤奋好学，精通《春秋》，在家中招生讲学。不少学生从远方赶来，投奔到他的门下。

汉宣帝听说疏广很有学问，就让他担任博士、太中大夫。不久，又任命他为太子太傅，辅导太子。没过多久，他就成了朝中的重要官员。

疏广的哥哥有个儿子，名叫疏受，他为人贤良，被推荐为太子家令。疏受待人接物恭敬有礼，有一次，汉宣帝到太子宫中去，疏受上前迎接拜见，酒宴时又向汉宣帝敬酒祝寿，讲话非常得体。汉宣帝大为满意，任命他为少傅，和疏广一起辅导太子。

此后，疏广越来越受汉宣帝器重，经常得到汉宣帝的赏赐。太子每次上朝，疏广、疏受总是一前一后跟随前往。叔侄两人同时担任太子的老师，朝廷中一时传为美谈。

过了五年，太子12岁了，已经通晓《论语》《孝经》。疏广就对疏受说："我听说一个人知道满足，就不会遭到屈辱；知道适可而止，就不会遇到危险。我还听说一个人功成身退，就合乎天道。现在我们每年俸禄有二千石谷，可谓功成名就，再不辞去官职，将来恐怕要后悔莫及了。不如我们告老还乡，以终天年，这样不是很好吗？"疏受欣然同意。

当天，两人就推称有病。过了三个月，疏广推称病重，要求辞去官职。汉宣帝见他们两人确已年老，就都答应了，还加赏他们黄金 20 斤，皇太子又另外赠送 50 斤。

疏广、疏受回乡时，许多官员、朋友、同乡纷纷赶来送行，车子有几百辆，停满京城东都门外，热闹非凡。过路行人见了，都感叹地说："他们真是贤人哪！"

芳林新叶催陈叶，长江后浪推前浪，这是一般的自然规律，人生也是如此。当人生达到一个高度后，往往会由盛转衰。面对这种现实，有人果断选择退却，留给世界一个优雅的背影；有人依然不甘于服输，苦苦坚守。有起有落，有高峰也有低谷，这就是真实的人生，学会适时地后退，才能活得从容。急流勇退不仅是一种做人的豁达态度，它同样也是一种经营方法。

经营要受到许多客观条件的左右，经营者应该明察善断，占尽先机。该撤出的时候，就应该义无反顾地撤出，否则就会被束缚。敢于撤退的将军才是大将军，敢于放弃的经营者才能前进。

敢于放弃也是一种收获

一次，在松下政经塾上，塾生向松下提出了"撤退"的问题，

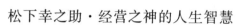

说万代公司的经验教训是"为了成功，撤退也有必要"，不知塾长以为如何。

万代公司的山科会长是松下幸之助的熟人，他的"撤退"松下知之甚详。而且，松下幸之助十分同意山科的"撤退"哲学，他自己的经营史上就有过数次的撤退。

二战以后不久，松下幸之助接手了一家濒临倒闭的缝纫机公司。起初，他觉得有办法起死回生，但由于不擅长此方面的业务，而且竞争对手众多，自感无法抗衡，便立即退了出来。在松下幸之助看来，费了一番功夫以后退出来，财力、物力、人力都会有些损失，但总比继续毫无希望地撑下去来得划算。

松下幸之助的"撤退"，最为惊天动地的要属从大型电脑领域的撤退了。那是1964年的事情。

此前，松下幸之助已经在大型电脑的制造方面投注了十几亿日元的资金，并且已经研制出了样机，达到了实用化的程度。可是，松下幸之助却遽然从这一领域里退了出来。当时的情形是，小小的日本，有包括松下幸之助等7家公司在从事大型电脑的科研开发，而市场却远不那么乐观。继续下去，势必形成恶性竞争的局面。与其恶性竞争而两败俱伤，不如毅然决然地早些退出来为好。后来的事实证明，松下幸之助的这步棋走得很是正确。直至今天，家用、小型电脑长足发展了，唯独大型电脑却比较冷清。

是进是退，关键在于分析大势，把握时机。然而，这都是不容易的。松下幸之助认为，准确地把握时机，全靠第六感。这并不神秘，因为这种第六感是经过长期的修炼得来的，是历尽沧桑而获得的心得。特别是对于"船大难掉头"的大公司来说，更要如履薄冰，及时悟道。对此，松下幸之助的经验是：经常向前辈、批发商、零售商、顾客等讨教，以他们的观点来检讨自己的想法。能拜一些这样的有丰富"战斗"经验的人为师，是相当重要的。

商场如战场，有进有退。不成功绝不罢休固然是真理，但敢于撤退才是伟大的将军。

第六节　经营不等于玩弄权术

经营绝不是魔术或权术。我觉得，经营就是不欺骗别人，正正当当地做事，因此而获得别人的信赖。

——松下幸之助

诚实守信是获得他人信任的途径

松下幸之助在日本，甚至在其他发达国家，都被称作"经营之神"。确实，他的经历和公司的成长都太神奇了。不会写信的松下，起家时不过 3 名员工，到后来公司发展成有数万人规模的大公司，个人传世数百万字的讲话文稿实在令人惊奇。因此，人们把他称作"经营之神"，猜想他应有神助，或者拥有神技。

松下幸之助说："经营绝不是魔术或权术。我觉得，经营就是不欺骗别人，正正当当地做事，因此而获得别人的信赖。"

这并不只是松下幸之助的观点和主张，更是他的亲身感受和成功经验。关于公司的经营状况，某一时期面临的尴尬局面，情况的转变和随之而来的调整，乃至个人的经验教训、人生体验，松下幸之助都能及时而诚实地说出来，哪怕这样做可能引起一般人所谓的负面影响。也正因为如此，松下幸之助获得了别人的谅解和支持，人生有得，事业有成。他说："我做过很多事，不过我敢说，我一向都根据事实，凭良心说话。也许正因为这样，一般来说，我很少遭到反抗。即使是与工会之间的问题，在紧急之时，也能获得谅解。我想，这都是由于我随时讲实话，诚实做事，才获得了大家的支持。"

松下幸之助的观点和体验与历来的统御术大相径庭。历来的统御术从来没有强调过真诚、实在，而是恨不得颠倒黑白、瞒天过海，更不用说暴露矛盾和弱点了。松下幸之助经营则实实在在，不怕暴露弱点，不怕揭出矛盾。他说，只要说的是实话，就不必介意别的什么了。话说得都很实在，即使今天说的和昨天说的有矛盾，也会得到别人的理解和信从。经营者必须保持实实在在的作风。喜欢玩弄权术，不是真正的经营者。

不仅玩弄权术不能成为真正的经营者，想依赖知识和技术经营的人，也不能如愿以偿。松下幸之助认为，经营者不一定要具备最高的智商和技术，只要实实在在地干事，又有综合经营的能力，就足够了。这正如军队打仗，元帅并不一定要能征善战、武艺高强，那些应该是战将具备的素质，元帅更需要"运筹帷幄，决胜千里"。

把经营看作是一种艺术

松下幸之助认为"经营"是极有价值的，也可以说是一种艺术。说经营是一种艺术，也许有些人会惊讶。因为在一般人的眼中，所谓的艺术，指的是绘画、雕刻、音乐、文学、戏剧等愉悦人们精神的事情，而经营则是物质的，是世俗的事情。二者怎么能相提并论呢？

这种认识过于表面了。艺术和经营都是一种创造性的活动。

优秀的画家思考构图，在一张没有涂过任何东西的白色画布上涂颜料，使它成为一幅画，完成的作品并不只是画布和颜料，而是画家的灵魂跳跃于画布上的艺术作品，是一项从无到有的高级创造。

同时，思考一桩事业需要构想、确定计划，然后筹集资金、建造工厂或其他设施、雇佣人员、开发产品、从事生产以利于社会大众使用，这种过程和画家的绘画一样，可以说都是创造的连续。当然，从形态上来看，你会认为只不过是在制造东西，但是在每一个过程中，都有经营者的精神在跳动着。从这种意义上讲，经营者的工作和艺术家的创造活动没有什么不同。

而且，经营具有极为复杂的内容，每一部分都不同。如研究开发部门、生产制造部门、贩卖产品的销售部门或购买原材料的采购部门，其他还有会计、人事等部门，每一个部门都可以说是一种创造的活动，而调和这些部门的整体经营更是伟大的创造。

这样看来，经营虽然是一种艺术，但它不像绘画或雕刻一样，是一门独立的艺术，可以说它包含绘画也包含雕刻，包含音乐也包含文学，是网罗各种不同领域的综合艺术。

更何况，经营必须面对经常性的变化，影响经营的社会情势、经济情势时时刻刻都在转变，为了顺应这些变化，必须有远见，在变化发生前做好准备。因此，经营和绘画根本上是大异其趣的，画作有完成的一天，经营则永无止境，必须不断地成长发展。因此，经营的过程就是一件艺术品，经营是活生生的、追求进步的综合艺术。

当然，松下幸之助并不认为经营比艺术更高尚，只是想说经营和艺术一样也具有高度的价值。

一幅画的价值，要视艺术家的技巧而定，经营也是一样。不过，画得不好，只不过是无法感动人而已，不会带给别人困扰；但是经营不善，却会带给有关方面相当大的麻烦，如倒闭、破产往往会给社会带来极严重的问题。

因此，身为经营艺术家的经营者，比一般的艺术家们负有更大的创造艺术名作的任务。松下幸之助虽然不太了解艺术，但是知道艺术家在成名之前必须经过相当严格的磨炼，而且创作时必须集中全力，才能创造出感动世人、留传后世的艺术作品。

为了创造出具有综合艺术的经营名作，必须花费更大的精力去努力才行。没有相当的努力而想获得经营的成果，就像只花费一点儿精力，就想画出不朽的名画一样，是绝不会成功的。

经营是活生生的综合艺术，经营者必须深切地体会经营的高度价值，对这份有价值的工作抱有荣誉感，然后尽最大的努力去做。